日本料理餐桌禮儀
究極品味的科學

陳弘美 著

目錄

張榮發　推薦序「禮儀──個人信用度的指標」── 008

井上裕　日本前文部大臣推薦序── 012

Chapter 1.

日本料理是世界上唯一需要「軟體」才能享受到美味真髓的菜／作者序文── 016

1. 日本料理的特色是　形下＋形上──成為 UNESCO 世界非物質文化遺產的理由 018

2. 用中式料理的吃法吃日本菜是錯失了精髓──兩個文化的五大不同點 027

3. 日本為什麼成功、先進？答案就在餐桌上 035

Chapter 2.

每一個餐具傳統正規的用法——是最佳科學效率

從小要教
中餐通用

042

1. 自己的文化度是幾星級？這才是永遠的財產 044
2. 筷子是一餐之魂，標準的拿法只有一個——手心上的小物理學 從小要教 中餐通用 054
3. 有文化的日本人筷子的拉法、拿法、放法、收法 058
4. 筷子的七個禁忌——吃中菜也不做 從小要教 中餐通用 064
5. 哪個餐具該端起來、哪個該放著用？——就以你方便的人體工學辨識 從小要教 中餐通用 066
6. 最標準的飯碗拿法和用飯姿勢 從小要教 中餐通用 069

7. 飯碗蓋、湯碗蓋不弄濕桌面的方法 071
8. 試試日本頂級的禮儀？——只有素養高的日本人才做得到喝湯方法 075
9. 何時用單手、雙手？是粗或雅，敬或不敬 077

專欄 日本料理注重規矩和感性是源自於中國 080

Chapter 3.

每一道菜有傳統正規的吃法——是吃出精髓的科學—— 088
1. 究極的美味是科學法則——為什麼吃的順序是關鍵？ 090
2. 是 kaiseki「懷石」，還是 kaiseki「會席」？——日本料理的三個形式 093
3. 先付、前菜——最需要「目食」的料理 100

4. 御椀——清清的湯竟然是一餐的重頭戲…… 103
5. 生魚片——最需要「品味的科學」的一道菜 109
6. 烤魚——自己的魚從哪下筷有規矩哦？禮必有理 116
7. 茶碗蒸——這用筷子吃？ 122
8. 煮物——最展現出你筷子功夫的一道菜 124
9. 土瓶——它的精髓是在空氣中 127
10. 抹茶、和菓子——需要轉抹茶碗的哲理 129
特集 帶你上三百年歷史的高級料亭——
一、能夠維持三百年的經營祕訣
二、上料亭的禮儀舉止（觀光客也須知的日本常識） 134

Chapter 4.

江戶四大料理，壽司、天婦羅、鰻魚、蕎麥，講究的是「粋 iki」

江戶四大料理，壽司、天婦羅、鰻魚、蕎麥，講究的是「粋 iki」——162

1. 當個有「粋 iki」的客人——懂「粋」就懂日本的感性之髓 164

2. 天婦羅——吃法不「粋」就不脆了 169

3. 鰻魚飯——從石器時代吃到科技時代的美食 177

4. 蕎麥——吸麵該不該出聲的科學理由（但不應是那樣的聲音……） 182

5. 壽司——壽司行家「粋」的點法、吃法和吧台上的潛規則 191

特集 壽司大師：「我會想偏心這種客人。」 214

Chapter 5.

大眾料理：壽喜燒、鍋物、燒鳥、河魨

大眾料理：壽喜燒、鍋物、燒鳥、河魨——220

1. 壽喜燒——「牛鍋」和「壽喜燒」哪裡不同？ 222

2. 鍋物——為什麼女生搶著要做「鍋奉行」？ 226
3. 燒鳥——特別叮嚀女士，在路邊攤和專門店的吃法不同哦！ 230
4. 河魨——過去的珍品而即將成大眾料理了 234
專欄 確立自己的價值觀和標準的日本師傅對米其林沒有朝聖心態 240

Chapter 6.

「器皿是料理的衣裳」—— 246
1. 料理＋器皿才完成日本料理——「器皿是料理的衣裳」 248
2. 器皿不只是「衣裳」，也是「制服」——日本食器的分類和各正確用法 251
3. 日本五大陶、瓷產地及特色 254
特集 傳統的惰性 vs. 自然的法則——換了酒杯，米酒是哪兒來的果香？ 258

推薦序

禮儀——個人信用度的指標

長榮集團創辦人暨已故總裁
張榮發（二〇〇四年）

弘美小姐主修國際關係政治學，在日本大眾傳播工作，對她的印象是賢淑有禮及思考敏捷。更從暢談的國際關係與世界經濟話題中，可看出弘美具有宏觀的全球視野，她對社會學與政治學都涉獵極廣，對人文更有一份真摯的關懷。後來得知，她是許丙氏（日本貴族院議員）的孫女。她具有中、英的教育背景，再加上日本式的社會工作經驗，培養出具有國際觀的思維。

然而，前述「全球」的視野對她而言，只是一個基本觀點。她最熱衷和我討論的是「形上」的話題，探討自然、大宇宙的法則：「人和宇宙的互動關係」、「人是從何生、往何去」、「一個靈魂的目標為何」等等。

她非常注重精神層面的修養，也以精神心靈生活作為人生的主軸。她更懂得形下的「無常」和形上的「永恆」之別。

特別是，我本身也非常重人文生活的提升，近年來，台灣雖然物質生活富裕，創造經濟的奇蹟，國民所得也幾乎和已開發國家並列，但是，社會心靈上的貧乏、精神上的低落，使我非常關切。本人有感於身為企業家，應對國家及社會有所貢獻，因此，長榮集團在早年即設立了「國家政策研究院」，集合學者專家的智慧，對政府提出良好的政策；設立「財團法人張榮發基金會」，從事清寒、急難、災害及醫療之社會救助；另亦創辦了「長榮交響樂團」，推廣音樂之美，以提升社會的文化水準。

從閒談中，深深感受到弘美也有「憂國憂民」的使命感。她了解到當前社會禮儀的沒落及道德倫理的式微，所謂精神心靈的培養，更是迫切的需要。弘美此次出版的書，目的就在於提升生活的品質及心靈的水平，促使台灣、全亞洲人對禮儀精神的重視，進而培養讀者的人文關懷、倫理道德及社會良心的素養。全書可說具有高度的可讀性與教育意義。

一個國家各方面的水平是先進或是落伍，不應只在物質上去衡量，也需要考量國民的禮儀水準。同樣的，一個人的「靈性身分」，不在於其地位的高低，而在於品行舉止。這也是本人所經營的長榮集團三十多年來始終強調的用人哲學；以我多年用人的經驗來看，一位謹守禮儀的人，相信在工作上也會盡本分，事求精確及有責任感。換言之，也可把禮儀視為一個人信用度的指標。

弘美雖然是受美國西式教育，又在新潮的電視界工作，但對長輩、工作同仁都非常有禮貌，且處處為人著想。弘美小姐以她豐富的閱歷，及多元化所培訓出來的見聞與經驗出版了這本書，是她所精心撰寫的作品，希望是她貢獻社會的第一步。

作者的祖父許丙氏（最左）在東京家中宴請愛新覺羅溥傑（正中央）和歷代台灣總督，以及傳奇人物——身著男裝的川島芳子（溥傑右邊）。

前排中間著禮服者為許丙氏，圖片翻拍自民視台灣台。

推薦序

前日本國會參議院議長
前日本文部科學省大臣　井上裕

我尚任職日本國文部大臣時，有回弘美女士來訪，兩人相談甚歡許久。由於弘美女士精通茶道，而我本身對茶道也略有涉獵，兩人論起茶來是格外起勁。當時負責日本國家教育、科學、體育及文化工作的我，十分高興能與弘美女士見面交流。開朗、溫文有禮，是弘美女士給人的第一印象。而今我們已是十幾年的老朋友，這次欣見弘美女士出版新書，書中介紹的日本禮儀及日本料理的哲學，將帶領讀者探訪日本的傳統文化。

在進入國際化時代的今天，各國都必須認識彼此的文化來增進了解。

日本文化深層裡有著對四季變遷的依戀。日本人習慣用眼、耳、鼻、舌、身來感受四季及季節的轉換。日本地處季風地帶，四面環海，全島富含大自然賦予的恩惠，卻也飽受自然災害侵襲，因而磨練出日本人強韌的生命力。日本人善於將四季花草融入飲食，每道料理都有其獨特的品嚐方式及禮儀做法，而日本人又將這做法提升至精神文化層次。乍見繁複，卻也是追求事物本質最最踏實的方法。

弘美女士長年鑽研茶道，同時活躍於日本的媒體界，對日本文化有著極深的認識。本書以其豐富社會經驗來談日本傳統文化，文字淺顯易懂，是能深入了解日本文化及日本人行事作風的好書。

推薦序

前日本国会参議院議長
前日本文部科学省大臣　井上裕

著者　弘美さんが文部大臣室に訪ねてこられしばらく歓談した。茶道に造詣が深く、その場の話がもりあがった。茶道に関係する一人として、またこの国の教育・科学・体育・文化担当する大臣としてうれしかった。明るく礼儀正しい温かなお人柄が第一印象であった。以来十余年のおつきあいとなった。弘美さんはこの度、世界の皆様むけに、礼儀や日本食の紹介を通じて日本の伝統文化に関する著作を上梓されることとなった。

異文化を通じ民族の相互理解は急激な国際化時代を迎えた今きわめて重要なことだ。

日本文化の底流には、四季の移ろいに対する希望がある。我々日本人は目・耳・口・鼻・指で季節や季節の移ろいを感じとる。日本はモンスーン地帯に属し、四方に海を廻らし自然からの恩恵と同時に災害にも見舞われ、そんな中から生きる力を強めてきた。春には春の草花を食文化には取り入れてきた。夏にも秋にも冬にもそうしてきた。そして、それぞれの料理に食べ方、いわゆる作法があり、精神文化にまでその手法を昇華した。作法は一見やかましく、厄介なものと思われがちであるが、事の本質へ確かにたどる一番の方法なのだ。

本書は長年の茶道の研鑽を通じ日本文化の研鑽とマスコミ界で活躍され日本を知悉したゆたかかな社会経験から「日本の作法」の本質をきわめてわかり易く伝えた良書だ。

井上　裕

Chapter 1.

日本料理是世界上唯一需要「軟體」才能享受到美味真髓的菜

依平常吃中式料理的吃法吃日本料理是錯過了真髓。

日本料理是如同西餐：

每一個餐具有它正確的用法，讓你更方便，更美觀。

每一道菜有傳統正確的吃法，讓你吃出料理的價值所在。

禮必有理，究極的品味方法的背後，必有科學原理。

1.

日本料理的特色是　形下＋形上
——成為UNESCO世界非物質文化遺產的理由／作者序文

世界上唯一需要「軟體」才能享受到美味真髓的菜

軟體是：

❶如何享受形下：每一道日本菜都有它傳統正規，吃出美味精髓的方法。也就是符合自然科學法則才會流傳至今。

❷如何享受形上：日本料理的特色是它超越了「吃」，需要驅使其他感官（視覺、嗅覺、觸覺等）才能更昇華享受。

日本料理普及世界，據日本官方統計，二〇二三年在中國有四萬家以上，在台灣有九千家以上的日本料理店。各國的日本料理師傅大都是當地人，做法、口味也都當地化。但是面對這個「日本文化的發揚」，日本政府卻很傷腦筋。因為日本料理有別於世界一切的料理，它的獨特之處是——每一道菜都有正規、傳統的烹調法。雖然各國各自開發出「創意性的自我流日本菜」也是好吃又受歡迎，但是這對於和食文化是錯誤的認知。

比方，在美國邁阿密市內一家著名的日本餐廳，名媛貴婦都趨之若鶩。料理師傅是義大利人，凡是具代表性的日本菜——壽司、天婦羅……都是他的招牌菜。但是壽司不用飯，是用蔬菜代替（後章詳述壽司的關鍵取決於米飯）；天婦羅則是將蝦子縱切成兩半，直接裹上麵粉炸（和義大利的 fritto 炸海鮮沒兩樣）。他最抓住貴婦們的心是在於他「了解」日本料理重視擺盤的藝

術，所以他將壽司放在三層的水晶盤上，並加上一個人工小瀑布從頂層潺潺流下；天婦羅則盛在一個高跟鞋形狀的器皿內。這些創意讓美國名媛貴婦們齊聲嬌呼：「Oh, I love Japanese food.」

另一個例子是在台北市一家高級日本餐廳。它既有華麗現代和風的裝潢又有竹林清幽的逸境，不過一個日本絕對不會有的是他們的置筷器。那是個非常費心的設計，小長方形的置筷器前端是一個小小的花瓶，裡面插了小小的鮮花鮮草。雖然這是創意又花俏，但是在日本絕不會這麼做，為什麼？

其實，邁阿密和台北兩家餐廳都是典型的對日本料理文化的誤解。日本料理確實是注重形而上的感性，但是並不是表面花俏的噱頭。

陳姐姐常說：「禮必有理」，品味和禮儀的背後必有理。並且是科學理由。台北店的經理是認識的人所以就直接建言給他：「鮮花鮮草雖然美麗，但是置筷器的用途的原點是放筷子，而鮮花鮮草是有機物，離筷尖很近，在衛生上會有懸念。用無機材質比較抗菌。」

邁阿密店的天婦羅將蝦子縱切成兩半，則無法將鮮蝦內部的水分鎖住，就失去新鮮Q彈。日本名廚的做法是用一百八十度C的油炸，而蝦肉中心維持在四十五度C略生的狀態，才能發揮新鮮食材的價值。四十五度C的理由是，這是味蕾最能夠感受甘味的溫度。所以溫熱日本酒也是這個溫度。

日本料理傳統正規的做法不是無意義的形式，是從世世代代累積出來的data數據所萃取出的科學智慧。

日本政府出手了。二〇一三年UNESCO聯合國教科文組織將日本料理列為「世界非物質文化遺產」之後，在二〇一四年日本農林水產省推出了政府官製的「日本料理準則」：從食材的知識到烹調的方法製定了日本料理明確的標準。符合這個標準的店家（由民間機構自行依此標準鑑定）可以得到正式的認證，標榜為「日本政府認定的」和食餐廳。這是希望世界對和食文化有正確的認知。

和食成為UNESCO世界非物質文化遺產的理由：

❶日本料理的食材和美感重視大自然，貼近大自然，也保存天然的原味。

❷日本料理傳統的作法和習慣仍傳承至今，並且深入國民的日常生活中。

日本料理的價值是形而上、形而下並重。

讀者看完此書後必有同感，世界上沒有比日本菜更重視形而上感性的料理。所以吃日本菜不要只光說食物「好吃」，形而上的部分也是另一半的享受。書內的知識會開拓你多元的感性，讓享受倍增。

不過，誠實的讀者會說：「可是，陳姐姐，形而上又不能吃啊！」

沒錯，但是「形而上」會讓你更好吃。

近年腦科學研究出人的感官感覺都是相互影響，稱為Crossmodals。科學證明：當腦感覺到「好吃」的刺激並非只來自舌頭味覺，而是來自多方的感官：視覺、嗅覺、聽覺、心情等的刺激在大腦統合後的結果。

所以愈是懂得欣賞料理的周邊的文化如擺盤、餐具的藝術、優美的進食儀態等，開發出更多感官的感覺就會倍增餐桌上的愉悅。

所以真正的美食家不會只是「吃貨」只光顧吃，吃得髒、醜、吵、亂，其他的感官、感性也必是多元性的發達。

不在於吃幾星級餐廳，在於自己的吃法儀態和品味是幾星級。

和食既然有正規的烹調法，就必有正規的吃法

既然每一道日本料理都有一個正規的烹調法，那是不是也必有一個正規的吃法才能吃出它的價值？

這就是陳姐姐說的，吃日本料理需要配套「軟體」。「好吃、不好吃」是有主觀和客觀的因素，而「客觀科學」是占絕大部分，因為味蕾的結構是人類共通的生理。也之所以才有「米其林」供全球參考。

當然，自己花錢愛怎麼吃就怎麼吃，不過若是味覺敏銳，要追求究極美味，最後還是會回到這個正確、正規的傳統吃法，因為它最合乎科學的客觀性。

「什麼？吃東西還有正不正確喔？」這個觀念對習慣吃中菜的人而言簡直像「鴨聽雷」，要翻轉這個根深蒂固的觀念是陳姐姐寫此書最花力氣的地方，我努力看看：

大家吃西餐的時候是正襟危坐，很在意每道菜的吃法和規矩，也心甘情願換個腦袋去學習異文化。而一看到日本料理就「耶～」如釋重負鬆一口氣，完

全不考慮吃法和規矩，毫不猶豫的用平常吃中菜的吃法吃日本菜……

這可以了解，因為乍看之下日本菜同樣是用碗、筷、吃米飯、沾醬油，不就和中菜一樣嘛……這就是誤會的關鍵。

和食文化確實是從中國傳入，但是已經分歧、獨自進化一千年了。日本菜不但不是「另一種中菜」，幾乎像似不同星球的異星文化。所以就如同吃西餐，吃日本料理也需要「換個腦袋」從零開始認知，以它傳統正規的吃法才能品味出它的價值。

下一節內陳姐姐整理出中菜與日本菜的五大不同點，在此先提一個最關鍵性的不同：中菜大多是辛香佐料、醬料濃厚的重口味，因此前菜、主菜味道濃淡的層次感不明顯，哪一道要先吃、怎麼吃，大家都不在乎，餐廳也不考慮上菜順序。日本料理是相反。如UNESCO所說「日本料理是保存天然的原味」日本料理的特色是盡可能吃食材本身的原味，不用重味的辛香佐醬。而即使是百分之百原味的生魚片，各類海鮮的天然原味的濃、淡是千差萬別：帶血氣、腥味重的紅肉魚；纖細淡泊的白肉魚；有帶厚油或無油等等。所以吃天然原味就特別需要重視順序和吃法，不然原味很容易被抹殺蓋掉——

因為味蕾一旦受到「濃味」刺激就會失去對「淡味」的敏感度。

請讀者記住這個人類味覺的生理法則，這就是品味的法則的根本。也是書內的一切料理包括壽司品味的基礎。並且了解這個法則也會提高西餐和喝葡萄酒的品味。

日本料理傳統的禮儀和吃法都具科學原理

日本料理和中菜的另一個關鍵性的差異是：日本料理的每一道菜、每一個餐具都有傳統正規的吃法和用法。並且標準就是一個，所以做對或做錯，一個人的文化教養明明確確得呈現。

我們不是日本人，做不對做不好沒有關係，筆者寫此書的目的是希望讀者

了解「禮必有理」，讀者會發現這傳統正規的禮儀和吃法就如同西餐，都是幫你更有效率更美觀和吃出料理精髓的科學方法。並且西餐和日本料理的禮儀和品味法也有共通點，這意寓：人體的構造所衍生出的人體工學、味覺和腦中樞反應的生理學、操縱餐具手上的物理學、飲食的化學變化等都是普遍性的科學，是數百年來的智慧和感性的結晶才會流傳至今。

所以當你了解日本料理進食的原理，你自然會想要那樣做。並且科學無國界，日本的餐具不少是和我們相通，因為是基於科學原理，我們可以此為標準教育孩子餐桌的規矩教養，這會是他們一生的財產。

不少人喜歡上傳「上×星級餐廳」、「在吃山珍海味」，但是「買下美食」是只要有錢就辦得到，沒有任何深度，買下美食之後有沒有吃出它的價值的品味？這才是一個人的文化教養的深度。

究極的品味是人文感性和邏輯理性的結合，本書帶您一起探求日本料理有趣的科學原理，會讓你心服、口慾也服，下次吃日本料理更能享受盡致淋漓。

2.

用中菜的吃法吃日本菜是錯失了精髓

——兩個文化的五大不同點

吃日本菜時是否曾想過：

- 一盤生魚片要從什麼顏色的魚肉開始吃？順序會改變味道？
- 壽司的點法有竅門？
- 筷子的標準拿法是科學？
- 飯碗一定在左邊，湯碗一定在右？這和西餐麵包在左、酒杯在右的理由是一樣？
- 哪一個餐具是一定要拿起來用，哪一個是一定要放著用？
- 什麼！要對餐具有敬意……？

光是上述的幾點，是不是已經滿腦霧煞煞，不知所云？而這些都是日本的用餐規矩常識。所以你說，和食文化是不是和我們完全不同的文化呢？

「以中菜的吃法吃日本菜實在是太浪費了！」這是陳姐姐寫此書的動機，但這也是整本書最費力氣寫的一章，因為大家把日本菜當成「中菜的一種」的慣性已經生根了。陳姐姐再整理出日本菜和中菜差異最大的五點，對日本料理徹底改觀也就會立刻改變吃法。

陳姐姐寫此書的目的是除了使你能夠享受到美味真髓及高雅的進餐之外，另一個重要目的是希望透過日本的餐桌文化，反觀什麼是我們忽略掉的理性和感性？一個國家有沒有、重視不重視餐桌上的文化禮儀教養，它包含理性和感性的思考習慣，這延伸到社會，又是什麼樣的差異？從小教育孩子餐桌禮儀能夠如何啟發他的思考模式？

中菜和日本菜的五大不同點

不同點1. 日本料理的每盤菜有它固定的位置

中菜的餐桌上，湯碗、菜盤要放在哪兒都隨便，但是日式套餐（會席料理）

是九、十種菜全擺出，各餐具、各料理有它固定的位置，日文稱為「配膳」。拿起來吃之後，絕對要放回原來的位置。

在台灣最遵守這個規矩的不是高級日本料理店而是牛丼店。他們嚴守日本的SOP：湯在右，飯在左，醬菜在中間。考一考讀者，禮必有理，這不是無意義的形式，為什麼是這樣的規矩呢？（一個暗示，西餐是麵包在左，水、酒杯在右。有看出共通點嗎？）

是的，因為大多數的人右手較巧，所以易潑的液體類都是在右邊由右手操縱。這就是陳姐姐說的：禮儀規矩都是為你方便的人體工學。

後面還有更多有趣的例子。

不同點2.每個日本餐具有它固定的用法

吃中菜的方法每個人不同，有人扒飯、划飯入口、筷子要怎麼拿、喝湯用不用瓢羹都沒有什麼標準。日本料理的一個特色是餐具種類多，大、小、高、低錯落編織出餐桌上生動的空間。而它和西餐一樣，每一個餐具都有固定的用法，沒有「自我流」，不照標準就是錯。錯又怎樣呢？餐桌上的教養在日本是一個人的家教、文化水準以及自律能力的顯像。

相較西餐，日本餐具的種類又更多：飯碗、湯碗、小鉢、大鉢、小皿、中皿、大皿，以及有腳、沒腳的重盒，哪一個要拿起來，哪一個要放著用？用單手還是雙手？蓋子要朝上還是朝下？並且昂貴又纖細的木漆器和配上金箔的金蒔繪，如果不照規矩使用是會損傷餐具的……

讀者聽了大概開始害怕了，不過請放心，因為規矩都是順著人體構造的動線。只要是順著自然的法則，一定都是簡單、易懂。

了解後你必會自動想那麼做，因為會使你有效率又美觀。並且和我們一樣的餐具如筷子、飯碗等日本的正確用法是循著人體工學，所以也適用於我們日常的三餐，並且從小要教孩子。

不同點 3. 上菜的順序是究極品味的開始

很難相信現在是號稱全民美食家的時代了。而即使是高級中餐廳，上菜的順序根本亂來，廚房哪個菜方便做就先上。比方青菜第一個上，廚師壓根兒不知「前菜」的意義是什麼？餐廳不重視這個「軟體」，糟糕的是自認為是美食家的客人也不知道美食的價值是在於吃法，難道只要塞飽肚子就好了？

陳姐姐真正在乎的不是在好不好吃的問題上，是希望借由日常身邊的大小事培養出思考能力和邏輯講理的習慣。一餐飯能夠吃出究極的美味是科學邏輯。凡事必有理，習慣多以「理」為思考架構。

因為台灣長年受黨國教育，以及學校填鴨式的一切是「子曰」最偉大，不容許質疑、挑戰權威，塑化國民為「信奉型頭腦」。這弱化了理性的獨立思考能力，國民被教導只要服從權勢，而不是服從是非理論。因此即使民主化了，國民對政黨、對事理仍是「信奉型」的綠盲、藍盲，不懂得以中立批判性的邏輯思考是非，導致成為沒有是非的「理盲」社會。國民不以是非監政，國家不會進步。講理的邏輯思考習慣是從日常點滴、可以從餐桌規則開始培育。

回到餐桌來。前菜要先上的理由是因為它是刺激食慾的菜，大都是胺基酸豐富的食物，所以不會是炒青菜。不過中菜每一道的口味都重，所以上菜不按照順序尚可忍受，但是如果日本料理廚師和上中菜一樣，不思考順序亂上菜的話，是根本不知料理的價值。

日本菜上菜順序的原理和西餐一樣，是人共通的生理法則：人的味蕾一旦受到重味刺激就會逐漸失去對淡味的敏感度。

食物好不好吃在於品味的方法。前、後順序怎麼吃，品味的水準決定味道。

不同點 4. 每一道菜有傳統正規，吃出精髓的方法

這一點會是最大的屏障，因為大家吃中菜從來沒想過還有什麼「吃法正不正確」？而日本料理是每一道菜都有傳統正規的吃法，禮必有理，它也是品出料理極究價值的方法。書中將一一告訴你其科學理由。

另一個大隔閡是「吃的順序」。除了前述的上菜的順序，一盤菜肉從哪下筷也是個學問。

中菜大都是多種食材混合在一盤裡，沒有區分各食材的位置。日本料理盤內的擺盤則是區分各食材吃的順序。

正宗的日本廚師盤內的擺排是依吃的順序：從左往右，再往後方。依清淡到厚油的順序排列。無論是前菜、生魚片、天婦羅等都是一樣的擺排法則（後章詳述）。

請放心，對「吃的順序」不要說是外國人，日本人也是只有美食通和有素養的人才懂。不過我們就來學最高的水平。

日本人展現身分不在穿金戴銀，從吃飯的幾個步驟就透露出一個人的生活水準和文化度。

不同點5. 對每一個餐具有敬意

「對餐具要有敬意……？」這一點大概是令讀者最莫名奇妙的。

「器皿是料理的衣裳」是魯山人的名言。料理需要器皿的襯托，料理＋器皿才完成日本料理。器皿占一餐的重要性，日本是舉世無雙（第6章詳述）。

餐具不僅是藝術，也有「地位」。這個感性源自於日本自古以來是多神教，他們相信大自然裡的一切，甚至祭神儀式中的每一個餐具都有神性附著，所以對每一個餐具的用法都恭敬謹慎。所以日本茶道對每一個道具、器皿都以「拜見」、「瞻仰」的心境鑑賞。

日本餐桌上的一切規矩都是來自於「敬意」：對大自然恩賜的食物、對一切餐具、對做飯的人的敬意。人只要萌生敬意，自然會對自己的用法舉止謹慎小心。

讀者了解了餐具在日本人心目中崇敬的地位，就能接受下一章的「每個餐具有正規的用法」的觀念。

3.

日本為什麼成功、先進？答案就在餐桌上

——民族意識先放一邊

當一個社會有這兩個堅持：

❶理性「講理」：有是非、好壞標準的社會就不會容許說謊、鄉愿、處處搞烏龍出錯、螺絲掉滿地。

❷感性「追求究極」：對人，重視他人的感覺。對事、對物，求精求美求造極。

國民如果人人講理又事事追求極致品質，這樣的國家怎麼會不成功？

日本無論在製造業、動漫、娛樂文化、科技等都在世界尖端，而同時也堅守千年傳承下來的文化和規矩，為什麼？

一個無理的傳統一定會被時代淘汰。你會發現日本餐桌上的傳統規矩不但不會被淘汰，反而正是日本成功的原因的縮圖。

不要盲目哈日淪為文化的殖民地——正確認識日本的優點

日本無意要再殖民台灣，而台灣盲目的哈日媚日，自願淪為文化的殖民地的各種現象實在令人憂慮。

最普遍看到的是日文濫用在中文。明明有中文詞彙而卻要用日文以為比較「夯」？比方餐廳把「蔬菜」故意寫成「野菜」，根本是誤導，諸如此例太多。在近代史上確實有一段時期中文直接引用日文，是在明治維新，日本比中國先引進了西洋文化，因此在科學、法律、政治、醫學等近代科學的中文詞彙都是直接用日文。（比如「共產主義」的名詞就是源自日文）。

令人擔憂的「文化的殖民地」的意思是除了濫用日語之外，也撿日本的「垃圾文化」來供奉。更糟糕的是政府帶頭。舉幾個例子：

❶「AV女星」這在世界任何國家都是不能走在社會中央大道的職業，日本國內也不例外。而台灣公共交通的悠遊卡竟然曾經打算用日本AV女星當代言人。

首先，有動用社會資源就要以採用本國人為優先考慮。並且那位藝人在日本並不有名，所以很明顯是決策人自己的性癖吧。有常識的日本人一定很同情台灣國民如此受辱。

❷台中的環狀鐵道，政府用日文「山手線」的意義是什麼？若懂「山手」真正的意思，就會知道和「環狀」無關。

日文的「手」是「邊」的意思，「山手」就是「靠山邊」如同英文的uptown；「山手」的相反詞是「下町」如同英文的downtown。東京山手線建設時是以它作為區隔：圈內是囂煩熱鬧的下町，圈外是靠近自然靜雅的住宅區。日文有「山手小姐」（山の手お嬢様）一詞，意思是在高雅環境中長大的小姐，不是指「環狀小姐」。

鐵道是國家代表性的重要建設，有需要冠上一個莫名其妙的日文名稱嗎？日本人大概心裡覺得：「台灣要有自己文化的自尊吧……。」友好不是要諂媚討好。

我們要學習的是日本成功的法則。

日本在八十年前是全世界最悽慘的戰敗廢墟，現在則是從科技、製造業等傲視全球，全世界都好奇為什麼日本做得到？我的答案是：對理性和感性有極高的講究和堅持的國民性，成功是必然的結果。

三餐飲食是一個人最初的文化、最初的教育，也是天天的習慣。餐桌文化可以孕育出國民的思考和習慣。本書中所說明的日本料理的規矩和品味的科學可以看出日本人對感性和理性的講究及堅持。

當三餐的習慣延伸至社會上

1. 當餐桌上的「理性」延伸到社會上

讀者們出國旅遊可曾注意到發達國家歐、美、日本社會的特徵是重視是非、守規則？即使是不犯法的小事，規定不准做的就不做。比方遛狗一定拉狗鏈、不亂丟垃圾、煙蒂、不破壞市容美麗整齊……。這不是偶然，這些國家也都重視餐桌教育。

他們從餐桌上，也就是最貼切生活的教育上就灌輸孩子是非觀念，該做和不該做，有對、錯之分。比方：不埋頭吃飯、手肘不能放桌上、每個餐具有正確的用法、會讓人噁心的吃法不要做……

餐桌上有對錯分明規矩的國民和沒有規矩任你吃得髒、醜、吵、亂的國民，當這習慣延伸到社會，哪裡會不同？

國家進不進化在於國民人人對於是、非、對、錯追求的精準度。

不少人覺得台灣人和日本人好像「很相近」，不，是完全不同的思考模式。最核心的不同是：日本社會極重視是、非、對、錯的邏輯之理。「理」在一切之上，只服從「理」。因此說謊是很嚴重。

台灣是相反，「理」是非常無力。權勢、利害、立場、狡辯、霸力勝於理。輸贏不是因「理」是因「力」。說謊一點都不嚴重。

筆者的《電視低能我們損失什麼？日本電視也是從低能走出》書內提到，日本人凡事以邏輯抽絲剝繭，所以做事是就事論事，可以直來直往地批評，而且不會情緒化。讀者都很訝異，因為在台灣是「錯不能說錯、不好不能說不好」，不然會傷感情。大人物指鹿為馬也沒人敢指出事實。

日本人並不是聖人，與台灣人不同的是，從小就有「是非、好壞是有標準」的觀念，所以若被批評不好，一定是對方基於一個邏輯標準在就事論事，不像台灣會把批評認為是「看得起你、看不起你」的情緒上。

日本成功的方程式是：理性批評對、錯、好、壞↓改進↓成功。

2. 當餐桌文化的「感性」延伸到社會上

❶「重視他人的感覺」這個感性是為什麼日本貨好用的原點

再怎麼嘴說仇日的人都偷偷愛用日本貨、也愛去日本旅遊，因為日本貨就是好用、服務就是舒服。日本無論在硬體、軟體都會成為世界的範本是基於一個感性↓「重視對方的感覺」。比方，一個產品當消費者拿在手上時好不好用？客人如何受招待會高興？一切都從對方的角度來思考、求改進。

這也就是日本餐桌文化的原點。

規矩禮儀是建立在和他人的互動上。在乎同桌共餐的人的感受，不會只顧著自己好吃、吃得髒、醜、吵、亂，讓別人噁心。

❷對一切事、物都追求極致完美的感性

日本貨風靡全世界的原因是在它求精、求美、求極致的感性。

受世界仰望的日本職人精神不是被逼出來的，是主動對自己的要求，對自己職業的尊敬。職人精神如何突顯在飲食文化上？整本書會告訴你。

品味是科學理性和人文感性的結合。

看到日本人對於「理」和「感性」的堅持，我們難道只說「沒辦法，日本人和我們的民族性不同」就算了嗎？

還是，這也是我們都應該追求的成功的法則？

Chapter 2.

每一個餐具有傳統正規的用
——是最佳科學效率

日本的每一個餐具都有傳統正規的用法。禮必有理，

都是使你更美觀、更有效率地進食的人體工學。做做看，身體會告訴你為什

既然是人體工學，也適用於中餐，並且從小教孩子養成習慣。

專欄 和食注重規矩和感性是源自於中國

1.

自己的文化度是幾星級？這才是永遠的財產

旅遊日本的中國觀光客一年已超過八百萬人，台灣是五百萬人以上。據日本官方統計，六成以上都不是第一次訪日了，並且訪日的目的是從過去的爆買電器和藥妝品改為體驗型旅遊，其中最有人氣的是滑雪和做日本料理。最近的趨勢是更進階的，對料理的擺盤（日文「盛り付け」）和會席料理的上菜順序也開始學習了，也就是從「形而下」進階「形而上」了。

另一個是雖然價位高但是很有人氣的旅遊團是五天專上高級料亭，每餐約三萬以上。

但是為何觀光客要參加團體而不單獨去呢？

兩個原因，一個是日本許多知名老店、高級店只收透過飯店、旅行社預約的客人，不收「一見客」（容後說明）。另一原因是，觀光客跟團去才可以「壯膽」。

上餐廳要壯膽？是的，不要說外國觀光客，其實一般日本人要上有歷史傳統、厚重氣氛的料亭也會緊張。反而是愈有教養的日本人愈知道潛規則多。

「上高級餐廳有門檻」的觀念又是中菜和日本料理兩個文化的差異。

在國內是只要今天賺了錢，馬上去最高級店吃魚翅、龍蝦，沒有人會想還要有「和高級餐廳對稱的禮儀舉止」這個門檻。因為中菜沒有明確的禮儀標準，有錢最大，哪裡都可以去。而西餐和日本料理一樣，有一套正式的禮儀標準Protocol。不懂禮儀，只靠錢壯膽上星級餐廳，吃得髒、醜、吵、亂，不但土像畢露，雖然你是無心的，但也踐踏了其他客人的優雅時分。

上高級餐廳不同於路邊攤，不是只買下食物，也是為了享受形而上優雅的氣氛。氣氛是店家的財產，是和有素質的客人共同營造出來的結果。

高品味的美食家不會只有味覺發達，其他感官感性也一定敏銳。所以對浸身的環境，對氣氛要求不會亞於對食物的要求（前章有提過其科學理由）。

客人的素質是影響氣氛的重要因素。這就是知名老店大多不願意收來路不明的「一見客」的原因。萬一他舉止詭異、不懂規矩，氣氛會遭破壞。

所以旅行團雖然上高級店，但是大都一進門就被「隔離」到個室，任你盡情「自由奔放」。但是上料亭只被關在一個大會場內，並且像吃中菜般的大夥兒鬧哄哄得亂吃，這樣實在沒有享受到料亭別於一般日本料理店的形而上雅緻的部分。只為「吃」上料亭，實在枉費了你一半的錢。

若要享受優雅進食的氣氛，就進修自己的文化度，以後個人去，不必靠人多壯膽。

觀光客不懂日本的潛規則完全沒有關係，但是基本的禮儀吃相、舉止若令人不舒服則無意間會成為公害，碰到的人是今天倒楣。陳姐姐曾經在一家優雅氣氛的餐廳而鄰座的夫婦大聲吱喳咀嚼，又不斷傳來撞擊餐具的鏗鏘聲，雖然他們是無心，不知道那樣不好，但是實在是破壞了別人美好的時刻……

在特集〈帶你上三百年歷史的高級料亭〉會談到日本確實很多潛規則，但是在這裡則是列出一般常識的「明規則」八點。觀光客也需知。

這八點是從基本的禮儀到只有文化素質高的日本人才做得來的三星級禮儀★★★，會使日本人讚嘆你的國際修養。

你也會發現這八個規矩都是有趣的人體工學，是讓你更方便、更美觀、更有效率得進食，也就是陳姐姐常說的「禮必有理」。做做看，身體會告訴你為什麼。

並且日本菜和中菜有不少相同的餐具。效率和美感沒有國界，這些可以用在我們三餐的規矩裡。從小教育孩子，奠定餐桌的教養是他一生的財產。這八點就從今天三餐做起。

成為和食達人八個竅門

從小要教
萬國共通

1. 五個用餐基礎動作——中菜、西餐全世界通用的常識，從小要教

西餐和日本料理不是我們的文化，做不好沒有關係，但需要學習是因為全球趨向地球村，這是必需的國際教養。

人人都是從零開始學習餐桌禮儀，可以慢慢學，但是下面5點是今天就要杜絕的壞習慣，是國際共通的餐桌禁忌。自己難看，別人更是看了噁心。

有不少人會覺得：「我一向都這樣吃，沒事

啊！」這是因為吃相噁心沒人敢告訴你，就連直腸子的陳姐姐也只敢寫書間接說。成人要馬上改掉，小孩子是從小要教。

孩子是絕對不喜歡學規矩的，陳姐姐小時候就是出了名愛反抗的野孩子，但是其實父母的囉嗦都在孩子的腦裡播下了種子，成人後這個意識就會萌芽。所以我現在在寫禮儀書，以前的老師都跌破眼鏡。

只要做到這基礎五點，就可以信心十足得上大雅之堂了。**無論是在家吃飯或是在路邊攤都要養成的最基本習慣：**

①吃喝不出聲、不吱喳咀嚼，不打嗝。餐具輕放，絕不撞、碰、刮出聲。

②坐姿正挺，不靠椅背。手肘不放桌上、不撐頭。

③不埋頭吃飯。額頭盡量朝前方。

④不邊咀嚼邊說話。（嘴內的食物給人看到很噁心）

⑤進食中、餐畢後都要保持盤內、碗內美觀，食物不散亂。

2. 筷子的正確用法只有一種

你會發現日本標準的筷子拿法是依槓桿原理也產生最多支點，所以是最穩、又最靈巧的操作。筷子是手心上的一個小科學（後詳述）。

3. 吃完後自己的盤相是重要的家教

這一點西餐也一樣，吃完的盤相是重要的禮儀。盤相相當自己的面相。

自己盤內的食物要全部吃完，這是萬國共通的規矩。實在是無法吃的或是剩下的骨、皮等絕不亂散，要全部聚集一起。小朋友是一吃飽就馬上要跑掉，但是父母要不斷提醒，要做完最後的一步。從小灌輸了這個觀念，長大後就不必想也自然會做，這就是家教。

4. 保持公盤美觀

日本料理大多是像西餐是各自一份，而有時在宴會上會共享一大船的海鮮等，共享公盤時的規矩是：絕不從公盤中央取菜，要從靠近自己的邊緣。不要一開始就毀壞擺盤的整體的美觀，這是顧及他人視覺上的感受。（河魨是例外，後詳述）

5. 哪個餐具是要拿起來，哪個要放著用？

這是日本一個非常重要的禮儀，也適用於中餐。

但是日本的餐具有大、小盤、深、淺缽、湯碗、飯碗、有腳、無腳的重盒……種類是世界上最多的。而每一個餐具都有正規的用法，這怎麼記得起來？

懂法則就不必死記。

以理，以人體工學去辨識，你就會發現答案很簡單：好拿的就是該拿起來用的；不方便拿的，就是該放著用的。

禮必有理：前述，吃飯時要抬頭挺背，絕不埋頭吃，可是帶湯汁、細碎鬆散的食物會掉呀……，是的，所以這類的食物一定是盛在方便拿起來吃的碗或是小缽裡。拿起來靠近嘴吃，就不必彎腰低頭了。

試試看，你會感受到自己「不為五斗米折腰」的高雅。

難拿的，比如直徑超過十五公分的大盤、大缽，或是盛醬油的小淺盤，容易潑出來的就是要放著用。規矩一定是順著自然的原理。

6. 用單手？用雙手？

女生特別要注意這一點，不然會很粗魯。

男生也要小心，不然會對人不敬。

當我看到小孩子接東西或是遞東西給人時用雙手，或是遞剪刀時將尖刃朝自己的做法時真的很想拜見他父母的臉孔。這不只是家教好，也是開發頭腦學習「和人互動時，站在對方的立場」，一種廣域思考的訓練。從小培養這個習慣，長大後就會很自然的善用雙手示敬意。

7. 日本每個餐具有固定的用法

日本料理每一道菜有固定的位置稱「配膳」，如同西餐有固定位置稱「table setting」。

而日本料理比西方麻煩的是，西餐是一切餐具都不移動（除了刀、叉、杯類）；而日本菜是有的要拿、有的要放；又有蓋子。蓋子要放哪？蓋子可以重疊？等等。但是請放心，也只有文化素養高的日本人做得好。在後章詳述，你會發現其實法則很簡單，因為是順著你方便的人體工學。

8. 究極品味的科學方法

台灣有一句話「烏魚子煮湯」意思是，再好的食材，吃法錯誤、品味不好就報銷了價值。

「品味」就是了解料理的價值所在，了解吃出精髓的方法。方比在第4章內〈大眾料理講究的是「流儀」——當個有「粋」的客人〉，若了解料理職人在幕後是哪個重點上最費心，你就會在意如何「吃出他的功夫」。有知識方能達到究極的品味。

每一個日本料理都有傳統正規的禮儀和吃法，它會流傳至今，仍是用餐的準繩就是因為符合人和自然的常理。這就是本書帶你探討的主軸。

2. 筷子是一餐之魂，標準的拿法只有一個

——手心上的小物理學，從小要教

要了解一個異國文化最好的方法是，了解他們最在意什麼。由此入門探索。

讀者會很驚訝，在日本重視一個人「筷子用法的對錯」是超乎餐桌禮儀……

「他連筷子都拿不好。」這在日本社會上的嚴重性是非日本人很難想像的，幾乎是一個人被否定了。

不同於中國、台灣等其他國家，日本有一個社會的核心價值↓注重常識、常規。若一個人被說是「非常識」，也就是不遵守規矩常理，這在中國、台灣聽起來是不痛也不癢，而在日本則是最嚴重的指責。

筷子拿不好就是一個「非常識」的代表。比方相親吃飯時，男女彼此會瞄

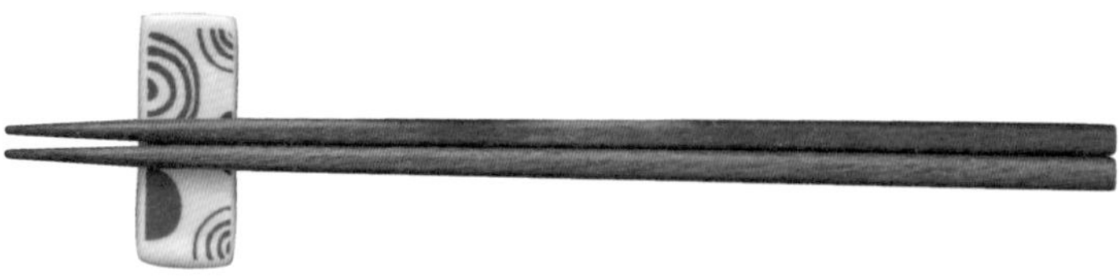

一下對方拿筷子的方法，因為這不只是顯示出父母家教，也顯示出將來共築家庭時各種價值觀是否一致。職場的上司也會撇一下員工，因為最基本的事都做不好怎能信任？即使小時候父母沒教，出了社會的成人也應該有自覺，自己矯正過來。

因為在日本筷子的標準拿法只有一個，只有對或是錯。

為什麼只有一個？

因為這是最穩、最省力又最可靈巧操作的拿法。

這個傳統用科學分析就是槓桿原理。

筷子是在中國唐朝時代傳入日本。東亞國家大多是筷子文化但唯獨日本是最尊奉筷子的「地位」。

在日本常說「餐桌禮儀是從筷子開始，以筷子結束」，一餐之魂在於筷子。日本以外的其他國家是十個人就有十種拿法。雖然我們天天餐餐用筷子，但是很少父母教導孩子，大都是自小胡亂拿筷子，胡亂挾、扒、划、盛、戳，只要成功的將食物送進嘴裡就ＯＫ了。有多少人想過「筷子的力學」呢？

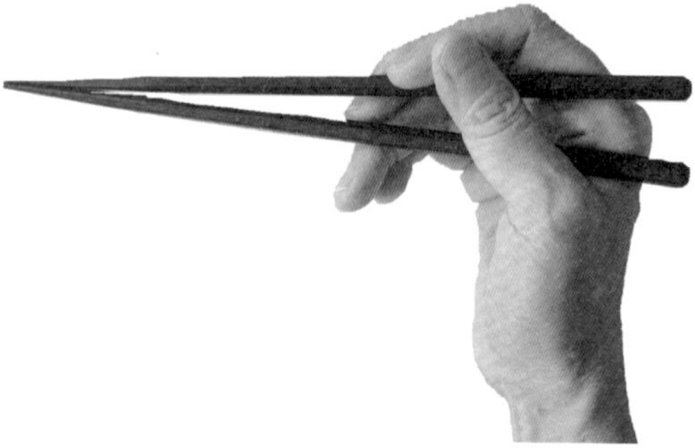

五根指頭操作兩根筷子，依人體工學加上物理力學所衍生出的日本標準拿法是最穩、最省力、可靈活得挾取、分割任何軟硬、鬆散、溜滑的食物。

即使讀者已經長年定型了，但是試一下這最符合科學效率的拿法（如圖）：

上方的筷子以拇指、食指、中指像握鉛筆寫字，這個拿法產生最多支點，所以最穩又最靈活；下面的筷子放在虎口上最穩定；手握在筷子的三分之一處是最不費力的槓桿原理。

日本人視筷子為用餐禮儀的一個原因是，因為操作得精不精巧會影響料理的正確吃法和整體的進食姿態。這點也適用於我們的中餐，因而筷子用得穩又巧就可以保持優雅的儀態，如下：

① **筷子用得巧就不會埋頭吃，日本叫做「犬食」（狗吃飯）。**

無論西餐、中餐進食時要挺直腰背，絕不埋頭吃，所以筷子用得精巧食物就不會掉落也就不會彎腰低頭，可保持高雅儀態。

②筷子用得巧就不需咬扯食物

吃中菜時齜牙咧嘴得咬扯大塊食物似乎很平常，但是日本菜和西餐絕沒有這種動作！如果是小塊食物（比方壽司）是要一口吃下；大塊食物絕不咬扯（炸豬排、天婦羅是例外），如魚塊、煮菜根類等是用筷子分成一口大，一口吃下。有人將筷子左、右各一支，像刀叉分割食物是非常粗蠻，千萬別做。

所以西餐和日本料理很適合約會，因為一餐下來幾乎不會沾污嘴，不必補妝。筷子功夫也是儀容上的關鍵。

科學不分國界，這個最有智慧的筷子拿法從小教育孩子，同時也告訴他們理由。

3. 有文化的日本人筷子的拉法、拿法、放法、收法

前述筷子的標準拿法是個小科學，我們都該學該做到。這篇則是日本獨自的感性，不一定要做，但是做了會更優雅，日本人也會尊敬你的國際文化教養。

中餐通用

木筷的拉法、用法

拋棄式木筷是在日本江戶時代就開始用了，因為當時也盛行外食文化。現在日本是從小攤販到最高級料亭都用拋棄式木筷。木頭的來源並不傷害環境，是為了護林而砍伐過密的樹木的產物。

料理一上桌，第一個動作就是拉開木筷，你都怎麼拉？**優雅的拉法是：**

①不在料理的上方拉。拿靠近自己、在大腿上方拉。

②筷子不豎直左、右拉，要橫擺著上、下拉（如圖）。因為豎直著就要左右張開雙臂拉，動作會顯得粗大。動作愈小愈低調愈雅觀。

下次做做看，馬上會有「餐桌美女感」。

另外，雖然在我們的文化是用不到，不過來感受一下一個日本獨特的哲學美感：筷子拉開後不馬上下筷挾菜，筷子先放在筷架上等一拍子之後再重新拿起來下筷。這個小間歇是動作和下一個動作之間刻意造出一個餘白間隔，日文稱為「間」（發音ma）。讀者知道了這個感性就會發現它在日本的傳統藝術裡處處存在……

筷子拿起和放下，也是一個標準（不一定要作，可試試）

這一點大概又是一個異星文化的衝擊。

吃中菜時沒有人想過筷子要如何拿起來、放下，而這在日本又是一個非常重要的禮儀。凡是有家教，有普通文化水平的人，不分男女必做的鐵律！

這個規矩在我們的中餐是用不上（當然這麼做會更好看），只請參考，欣賞一下日本的感性。

禮必有理，先考考讀者，有曾想過為什麼中菜的筷架和筷子是直放擺在右邊，而日本的是橫放擺在前面嗎？

因為日本以外的國家，筷子的拿、放都是用單手，只要翻轉一下手腕，所以直擺在右邊比較順手。

而日本是：要拿起筷子、要放下一定用兩手。順序是右↓左↓右手（如圖），絕不單手拿或放。並且拿起、放下都是從筷子的上面拿，因此依人體工學筷子橫擺在面前，手腕的角度比較順。

拿起筷子（如圖❶～❹）：

放下筷子時順序就倒過來：

❹→❸→❷→❶

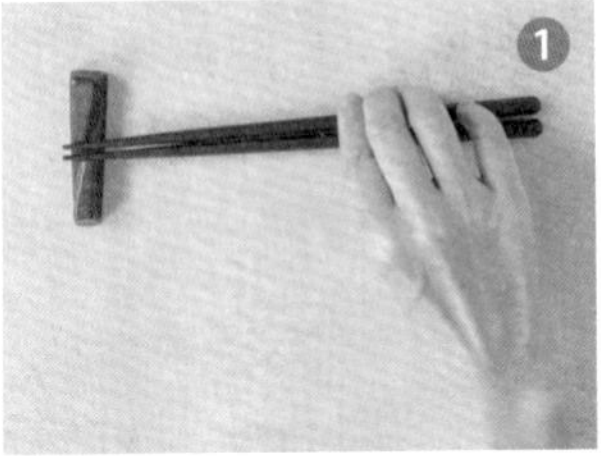

右手從筷子的上面拿。

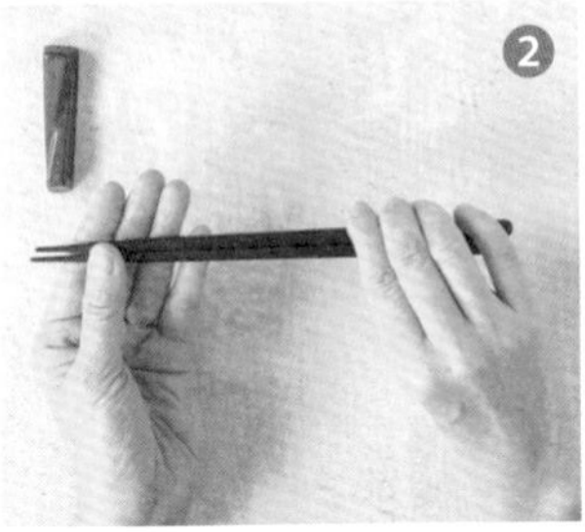

放在左手上。

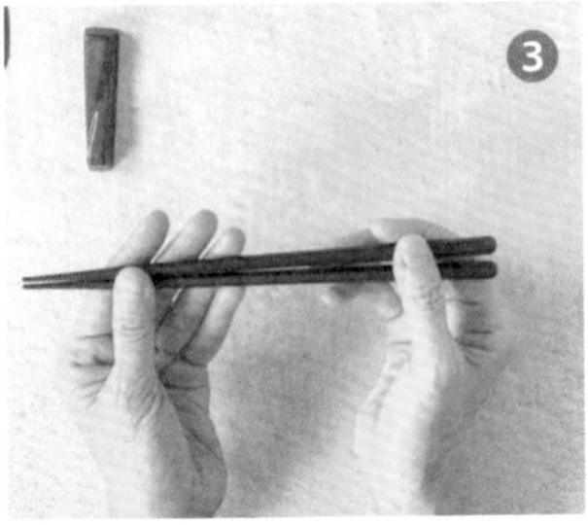

右手繞到筷子下方拿正。

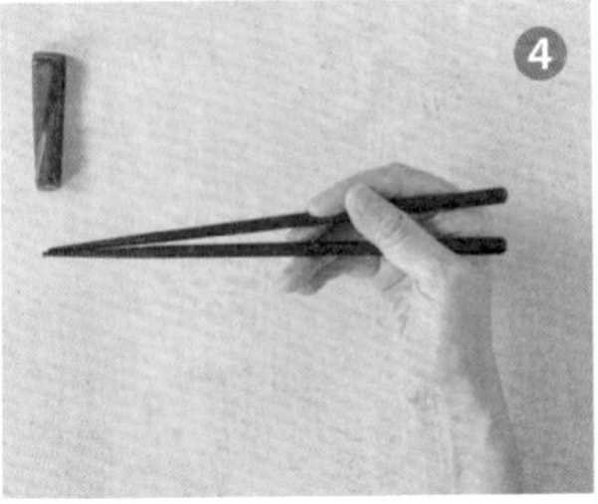

正確的筷子拿法。

讀者一定不相信日本人真的每次、每次拿、放都這麼麻煩嗎？是的，甚至居住在日本有文化水準的外國人也都養成這個習慣了。

禮必有理，這個拿、放法會成為日本的標準當然有原因。試試看用單手拿、放時一定會發出兩支筷子互撞擊和碰撞桌面的聲音。但是從上面拿就無聲。

從這一點希望讀者學到的感性是——餐桌上的噪音在西餐、日本餐都是令人不舒服之舉。

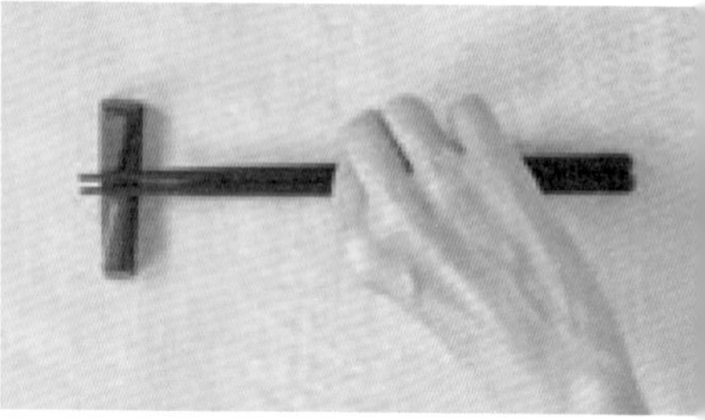

放回筷架也是右手在筷子的上面。

沒有筷架怎麼辦？

在平價的食堂大多沒有筷架，這是女生發揮魅力的時候啦！用筷袋摺成筷架（如圖），也貼心的替男友摺一個，他一定會❤❤。

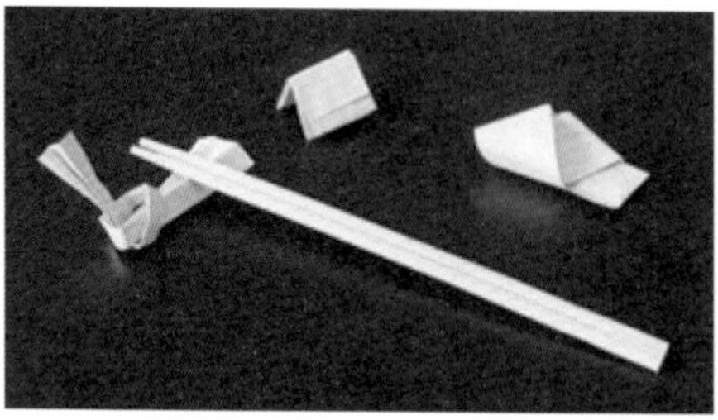

筷架可以自己摺哦！

吃完後，筷子要放回筷袋？

不少人誤以為吃完後筷子要放回筷袋內比較優雅？其實什麼都不必處理，因為放回袋內，服務人員分辨不出有沒有用過。但是如果筷子上的油漬難看，想要「湮滅證據」就放回袋內，這時將筷袋前段摺一下以示是用過的。

4. 筷子的七個禁忌——吃中菜也不做

吃中國菜時會看到的一些光景，但是在日本禮儀中是禁忌。

七個禁忌，吃中餐也不做，並且要從小教導孩子

粗野的動作在任何國家都是粗，從小教育孩子絕不要做：

①用筷子拖拉盤子。
②筷尖指人、指東西，戳插食物。
③筷子去挾別人筷子的食物
④筷上食物的湯汁滴落桌上。
⑤舔筷子、吃筷子上的飯粒。
⑥挑三揀四。

⑦握著筷子又同時拿其他餐具，這是吃中餐時會看到的光景，在日本不做。手一次只拿一個餐具較雅觀。

5. 哪個餐具該端起來、哪個該放著用？

——就以你方便的人體工學辨識

哪個餐具該端起來、哪個該放著用？是很重要的日本禮儀。

要辨識很簡單：好拿的就是該拿起來用，不好拿的就是該放著用的。

其實這就是禮儀，就是使你更方便、更有效率的人體工學。

這一點西餐是不必煩惱，因為除了杯類，一切餐具都是放著絕對不拿起來（所以吃西餐時和朋友交換餐盤是非常不規矩）。而日本的餐具種類是世界上最多：大缽、小缽、深缽、淺缽、大盤、小盤、飯碗、湯碗、有蓋子、沒蓋子、有腳、沒腳……，是要如何分辨哪個該端起來，哪個該放著用？

這是一個非常重要的日本規矩，也適用於我們的中餐會使你更優雅。

禮必有理，先考考讀者：請看上圖❶和❷，同樣是盛醬油的器皿，哪一個是要拿起來用？哪個要放著用？

首先，要端起來用的意義是：拿靠近嘴才不致滴掉在桌面。

要辨識很簡單，禮儀是循自然的法則、人體工學，哪一個是拿起來醬油不會潑溢出來的？

從小要教

中餐通用

該要拿起來用的餐具——小的、深的、好拿的

◎小於手掌、尺寸在直徑十五公分以下，都是要拿著用的。飯碗、湯碗當然一定要端起來用。不要埋頭扒飯、划飯。我們平常吃中餐也要拿起來用。從小要教。

◎濕的、碎散易掉落的食物一定是盛放在小缽裡，所以當然是要拿起來用。

◎而同樣是盛醬油的器皿，有較淺的小碟和較深的小缽，扁淺型的小碟是不是容易潑灑出來？所以是要放著使用。較深的小缽一定要拿起來用。你看，全是為你好吧！

不該拿起來的餐具——大的、扁平的、難拿的

◎直徑超過十五公分以上的器皿，手心放不下吧，所以就是要放著用的。

◎扁平狀的大盤子，生魚片盤子、天婦羅盤子、烤魚盤等，一律不端起來也不移動位置。

◎裝鰻魚飯等的重盒是扁平狀像便當盒，分成有腳、沒腳。有腳的不好拿所以是放著用，沒腳的是可以拿起來，不過基本上還是放著用。

小缽要拿起來用。

大的、扁平形是絕不拿起來。

6. 最標準的飯碗拿法和用飯姿勢——從小要教

碗、筷子是一對。既然拿筷子有標準，拿飯碗也一定有。這個禮儀也請用於中餐，並且從小要教。

這個用飯的姿態從小要教孩子，成人要定型成習慣：

拿飯碗最重要的是雙腋下的角度。雙臂雙肘絕不弓張，腋下可以挾約一個雞蛋的空間（西餐拿刀、叉亦同）。**碗捧在胸前的高度，背伸直、頭抬起。**

以口就碗的扒飯、划飯入口是粗相。一次盛挾一口飯入口（所以用筷子的標準拿法可以挾得穩又巧）。

丼飯類如天丼、鰻丼等的丼碗體積是半大不小，所以要放著吃、拿起來吃都可以。放著吃的時候，左手要扶著碗、不扒飯。

而有湯汁的如牛丼、或是台灣的滷肉飯怎麼吃？

陳姐姐很高興的告訴你，這些食物不會出現在正式餐會上，所以請便！但是何不平時就訓練自己的筷子功夫，盡量用挾盛的吃吃看。

飯用盛挾的方式吃是比用扒的、划的需要精巧的筷子功夫，但吃相的粗、雅上有天壤之別。從小教導孩子成為習慣。

7. 飯碗蓋、湯碗蓋不弄濕桌面的方法

吃中國菜時桌面弄髒弄濕似乎很平常，但請切記，在西餐、日本餐是禁忌。即使是水滴。

了解這個感性就會在意日本餐具特有的蓋子如何處理的禮儀。

日本料理的飯和湯的一個特色是有加蓋。

原因是日式套餐（會席料理）是全部菜餚一起擺出來，需要保溫的飯、湯、蒸煮類的器皿會加蓋子。蓋子如何打開？放哪兒？蓋子朝上還是朝下放？吃完之後怎麼收拾蓋子？這是日本料理的必需知識，才不致弄髒、弄濕桌面和甚至損壞餐具。

左手扶著碗。

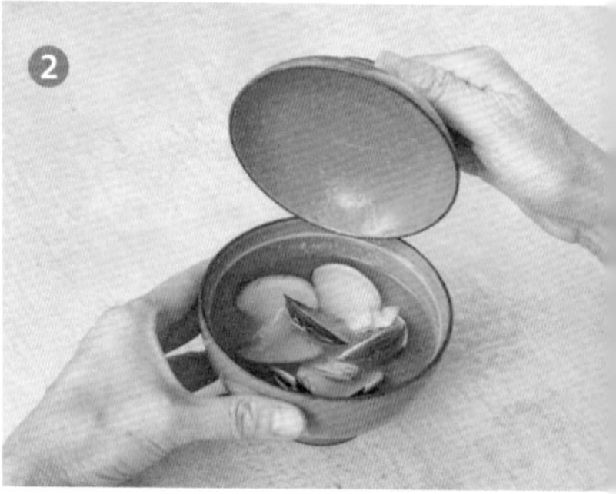

側立碗蓋，讓水滴滑入碗內。

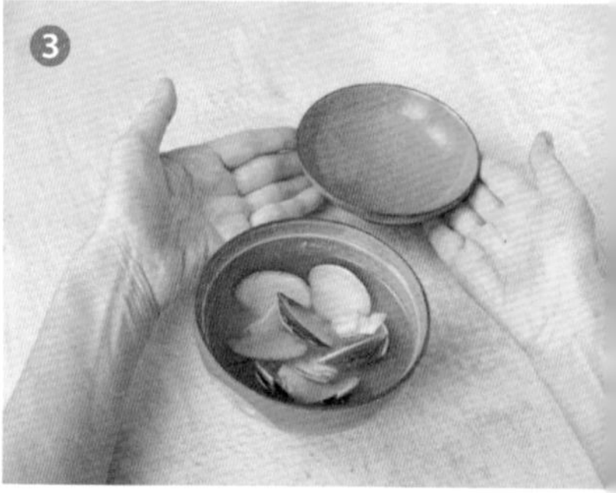

蓋底要朝上。

1. 湯碗蓋的開法

左手扶著碗，右手掀開碗蓋（圖❶）。蓋子掀開後，先將蓋子側立在碗內的邊緣，讓蓋上的水珠滑進碗裡，就不致弄濕桌面（圖❷）。接下來用雙手將蓋底朝上，水珠才不弄濕桌面（圖❸）。

2. 飯碗蓋、湯碗蓋各放哪兒？

打開後蓋子放哪邊？這就循著人體工學：湯碗是在右邊，湯碗蓋就放在右邊；飯碗是在左邊，飯碗蓋就放在左邊。

蓋底要朝上飯碗蓋和湯碗蓋不重疊放，原因是飯碗是陶、瓷器，湯碗是木器，所以碰撞會刮損。但若是在一般餐廳用普通級的餐具則可以重疊，但是上、下是：重的瓷器的飯碗蓋在下方、蓋底朝上；輕的木湯碗蓋在上，蓋底朝下。有道理吧！

3. 木漆器蓋子不可以重疊

高級料亭和餐廳的湯大多是使用昂貴又纖細的木漆器。有的木漆器上有精緻的繪圖叫「蒔繪」（makiei），甚至貼金箔的繪圖「金蒔繪」（kin-makie），都是易損的藝術品容易被陶、瓷器刮傷，所以蓋子絕不重疊。

日式喝湯的方法

讀者有沒有覺得奇怪，日本的餐具種類這麼多而卻沒有瓢羹？其實日本在歷史上曾經有過瓢羹，而在奈良時代筷子從中國傳入之後就代替了瓢羹，所以日式喝湯是以口就碗的喝。

4. 吃完後，蓋子放回原狀就好了

湯喝完後，有人把蓋子上下顛倒蓋上以示用餐完畢，這是沒有必要，而且會刮傷餐具。只要蓋回去原狀就好。

湯內的蛤蜊肉可以吃？

大的蛤蜊（hamaguli）肉可以用筷子挾下來吃，但是小小蜊蜆（shijimi）的肉是不吃的，別去挖喔。

8.

試試日本最頂級的禮儀？

——只有素養高的日本人才做得到

這是純日式禮儀，我們中餐是用不上，不過若你在日本人面前這麼做，對方會驚讚您是「何方聖也」……

在日本的餐廳，若是看到隔壁桌的客人這樣品湯，還會好奇他的背景呢。不是文化教養相當高，不然就是黯知茶道、茶懷食的人。這是文化度三星級的禮儀。

這個最上乘的喝湯法在中餐是用不上，但是讀者下次吃日本料理時可以做做看，多深入一個文化，多一技之長。

讀者大概又會對這日本異星文化嘖嘖稱奇，竟然每喝一口湯都要做這四個步驟：

①先右手拿起湯碗，放在左手心上。

②右手從取筷子上方拿起（圖❶）。

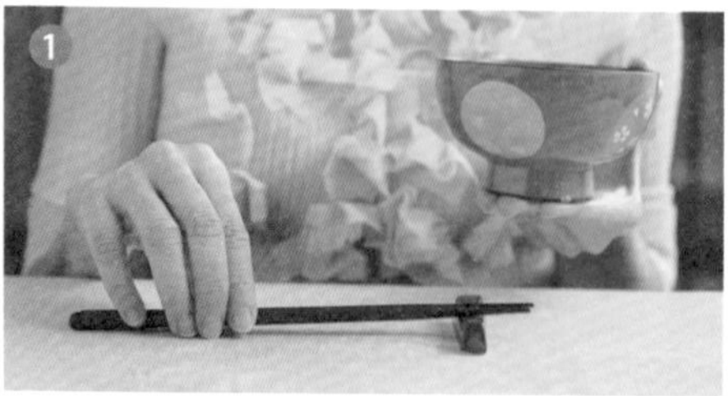

③將筷子架在左手拿碗的小指頭上撐著（圖❷）。

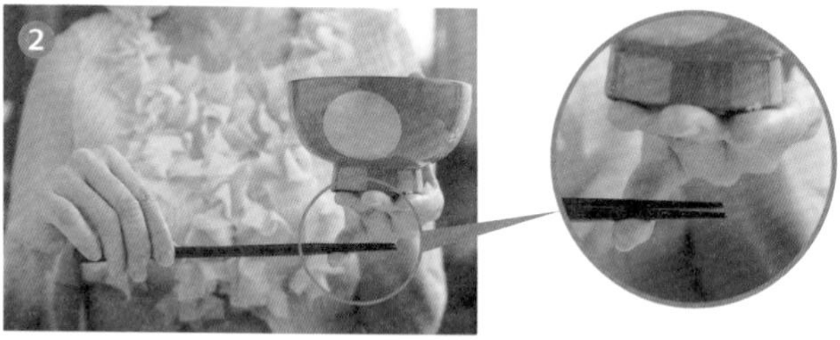

④右手繞到筷子下方握正筷子。

日本是非常重視文化教養度的社會，如果在日本人面前做到這上級者的用湯禮儀，一定會被讚嘆。

愈是繁雜的規矩不但不要把它當成是苦差事，主動積極去學反而會是讓你展現魅力的劇本呢！

並且你會發現，品湯多了這幾個步驟，心境好像變得清幽了……

9. 何時用單手、雙手？是粗或雅，敬或不敬

——和我們的文化相同

何時該用雙手？何時該用單手？東方和西方的禮儀做法不同，我們要學會辨識，因地制宜。

在我們亞洲與人互動時，用雙手是表示尊重對方，也使自己優雅美觀。這一點從小要養成習慣。

不過要注意的是，西方的餐具一切都是單手使用，比方酒杯、咖啡杯是單手拿。西式餐具就用西式禮儀，東方餐具就用東方禮儀。日本上皇后美智子以前在國宴時，香檳杯用右手拿、左手扶住杯底，這是錯誤，之後她改過來了。

在餐桌禮儀，要會辨識東、西方之別：

1. 茶

替人倒茶時絕對要用雙手以示敬意。

喝茶時無論是中國茶或日本茶，女士一定要用雙手，右手拿杯，左手扶著杯底（如圖）。

但是西洋紅茶、咖啡杯有手柄，則用單手。

沒有手柄的日本茶杯、中國茶杯，女士要用雙手。

2. 酒

別人替你倒酒時，一手拿杯，另一手扶著杯底接酒（圖❷）。

但是喝葡萄酒用西洋高腳杯時，絕對不拿起酒杯接酒，放在桌上即可。（也拜託，千萬別做彎指頭敲桌面示謝意的動作）。

吃西餐時，斟酒在西方是男生的工作，女士絕不需要回倒。

過去在日本，陳姐姐母親的那一代是「好人家的女孩絕不拿酒瓶」，不過現在男女互斟ＯＫ了。

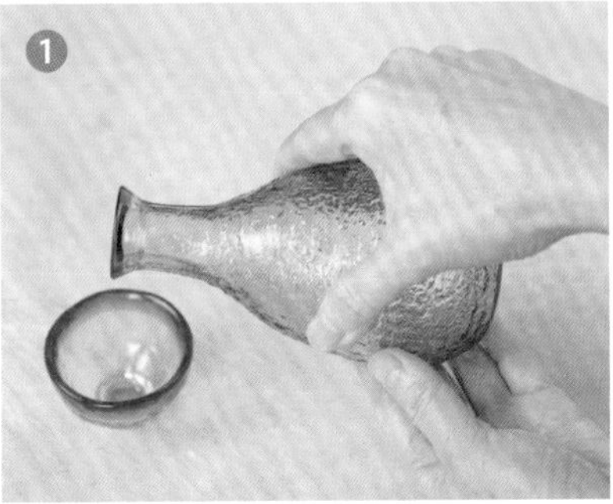

倒日本酒的酒瓶（得利）要用雙手。

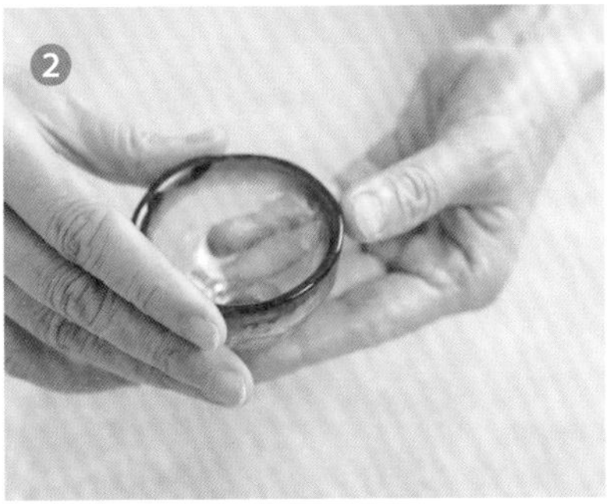

接酒，喝日本酒時女生用雙手。

喝水的玻璃杯、啤酒杯、高腳杯都是洋文化，用單手拿。日本酒用的小杯（稱為「豬口」）男士豪邁得用單手喝，女士則秀氣高雅得用雙手（圖❷）。

專欄

日本料理注重規矩和感性是源自於中國

日本料理注重規矩做法的歷史緣由

「吃個日本料理又要懂規矩，又要懂得『目食』欣賞，真囉嗦。」對於習慣吃飯沒有明確規矩的中菜的人心裡一定是這麼嘀咕，但是其實日本重視吃飯的規矩和形而上感性的緣由是來自於中國文化。

大家覺得日本料理的規矩多，但是請放心，因為即使是日本人，能夠將一席正式套餐（會席料理）從頭到尾做到一百分的也只有文化素養高或是有茶道的背景的人。

陳姐姐在日本長年學習茶道。日本料理的規矩和形而上的知識雖然繁多，但是這是從茶道茶懷石簡化而來的，茶道的規矩才是真正的「煩」多。而日本茶道是源自於中國宋朝。

日本料理的形成可追溯至西元九二七年。第一本料理教科書《延喜式》是為了祭神的供品料理。之後到了鎌倉時代（一一八五年～一三三三年），日本僧侶赴中國取經學習禪宗思想，回日本後將禪宗普及為武士道必修的教養。

武士在當時是文武雙全，社會的典範。武士文化將禪宗和佛教融於生活起居內，古書記載：從起床洗臉、打掃和吃飯，都以禪、佛為準則。武士對主人的尊敬和對平輩的禮數也帶入了三餐食事。在鎌倉時代就有吃飯的規矩叫「赴粥飯法」，和「典座教訓」。

到了室町時代（一三三六年～一五七三年）是日本文化的開花期，能、狂言、西陣織等文化開始綻放，在食文化方面也是日本料理開始講究精緻、進化。當時就有稱「包丁人」（「包刀」是「菜刀」之意）料理專家的職業。

現在日本最正式的料理「本膳料理」，是在室町時代建立的正式饗宴。今天我們最常接觸到的日本料理，在宴會或是餐廳、旅館內的

日式套餐「會席料理」，是本膳料理的簡化。當時的足利將軍就推廣食的禮儀法則，稱「食物服用卷」。

到了戰國時代，茶道宗師千利休（一五二二年～一五九一年）完成了茶道和茶懷石（料理）的規矩、美感、形而上的哲學，自此奠定了日本料理的風格和禮數。

所以今天雖然每一個日本人的進食禮儀和對每一道料理的正規吃法的知識的深淺度不同，但是對「吃飯是有配套規矩」的觀念已深入ＤＮＡ。但是追根究底，實在是源自於中國。（而現在呢？）

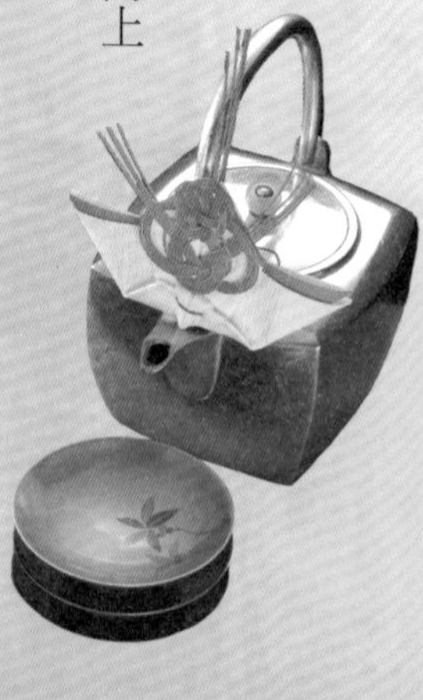

日本料理追求極致感性的歷史緣由

日本料理別於世界的一切料理是在於它不光是「吃」，形而上的部分的享受也是要髓。

大家對日本料理的印象一定就是「美」：料理的擺盤，有平面、有立體、有高、有低；食材精巧切刻的形狀、顏色的組合和配飾；也必搭配最合適的、有季節性的器皿；更仔細看，每個食物在隱處的刀藝又都不同……。這就是日本料理一上桌首先要以「目食」享受的原因。

日本料理注重形而上，即規矩、美感和哲學是來自於茶道。

日本茶道源於宋朝，我們應該很清楚「道」是技術和精神的結合。

一席完整的茶道是包括茶懷石（料理）。茶道的目的並不是只在於泡茶、吃點心，日本全部的禮節和感性都濃縮在這小小兩疊的榻榻米茶室內。茶道是包括一切周邊的文化。

日本人為什麼喜歡奇數？中國的陰陽學

大家有沒有發覺日本喜歡用奇數，不大用偶數。比方送禮或料理食材的數目一定是奇數三、五、七、九？這是因為日本茶道受中國文化影響而注重「陰陽道」。奇數在陰陽道內是「陽」，是吉數。偶數是「陰」。

另外，在茶道懷石料理的擺盤，直線是「陰」，曲線是「陽」。食物和器皿需要陰陽調和，所以用直線的器皿，食物形狀就切成圓形；或是直線條的食物就用圓形器皿。茶道的哲學感性也普及民間至今。

陳姐姐讓你三分鐘了解茶道的輪廓。讀者先有個概念，再加上書內的特集〈帶你上三百年歷史的料亭〉就可以融會貫通日本料理和茶道的一體性。

何謂「周邊的文化」？首先，赴茶道必需選擇正確式樣的和服，這就是一席茶道的開始（即西方的dress code）。若你今天是擔當茶道的主人（稱「亭主」），和服要選擇素面無光澤的材質，一切配飾要低調樸素。若是當客人，就自由度高，比方新年的「初釜」可以穿很華麗的振袖。但是重點是和服的花紋必須符合季節，比方冬天卻穿五月的杜鵑花、菖蒲花就不對了。

在日本餐廳會先奉上擦手巾的習慣也是源自茶道。要進茶室之前，要先在庭園的水槽淨手（也是淨身之意）。

進了茶室，首先欣賞神龕上的字軸和插花（這個規矩也用在上料亭和日式旅館），這是亭主為客人的精心傑作的第一個款待。

接下來進入茶道的儀式。陳姐姐是「裏千家」流。記得二十多歲剛開始學茶道時只覺得煩死人，每一個動作以及每一個茶道具的位置是細膩到「公分」的單位。比方茶粉瓶稱「棗」（是重要的道具）要放在距離榻榻米邊布的第七格處（約十公分）；茶碗要敬呈給客人時要右、左、右手分三次；而客人喝完後茶碗的洗淨水則是右、左手分二次倒掉；再講下去讀者會開始煩了。所有的動作的意涵老師並不說明，而做久了，我自己開始悟出每個動作、每個規定的位置都是最適合自己身體操作的位置和動線（即人體工學），或是對客人敬意的表現。也就是自此悟出「禮必有理」。

茶道的重心點並不在吃、喝。喝完茶後是拜見茶道具。是的，是以「拜見」之心，雙手恭敬的捧著鑑賞。客人要問每個道具的命名、產地和作者名字。茶道具在茶道中是尊貴的地位。

前章提到日本料理和中餐的不同點之一是「對每個餐具有敬意」，概念就是源自茶道。

一席完整的正式茶道是在包括茶道之前有一席茶懷石（料理）。

「懷石料理」現在被大家誤認為是「高級料理」的代名詞（第3章詳述），事實上是相反，茶懷石是非常簡素的一汁三菜（一湯三菜），雖然量少、樸素但是講究食材的高品質。茶懷石就是一個所謂「形而上的料理」，因為它追求的是精神，即禪宗的「結合大自然的無為」感受大自然的恩典。茶懷石的精華是在於「內在的質」，食材必是當令最新鮮的「旬」（後章述）和來自全國最好的產地。

除了食物的質，更講究擺盤、刀法、器皿組合的藝術和哲學；以及每個餐具的用法：單手、雙手、放著用、拿著用，和其他客人如何互動的規矩。這些現在都是日本日常生活的規矩，全都源自茶懷石之道。

茶道哲學的三個原則：

1. 感受自然的恩典：從食材到食器的陶、瓷土。
2. 人與人之間關係的分際：如何款待，以表達對客人最高的歡迎之心。
3. 無為的精神：前述「茶道是包括一切周邊的文化」，這甚至包括茶室的建築方法也是茶道哲學的一部分。蓋茶室不用一顆釘子。是利用木頭與木頭相互的力量鞏固成的。不抗拒自然，這無為的自然力學在日本經過多次大地震證明是最堅固的建法。

到此讀者大概理解了日本料理為什麼不只是形而下的「吃」，規矩和感性的形而上是有深層的哲理。

有了這個概念墊底，再接下來看下一章每個餐具的用法、每道菜的吃法，你就不但不會嫌囉嗦，會更想探求它的美感和具邏輯性的哲理。

Chapter 3.

每一道菜有傳統正規的吃法
——是吃出精髓的科學

日本料理的每一道菜都有傳統正規的吃法。

是享受到最高價值的品法。

禮必有理，

來看看「美味」的背後必有的科學邏輯。

特集

帶你上三百年歷史的高級料亭

おこしやす

1. 究極的美味是科學法則——為什麼吃的順序是關鍵？

相信每個人都有此經驗，一段時間沒進食之後的第一口食物都會覺得特別好吃，這是因為味蕾沒受刺激時是最敏感的時候。開始進食後就逐漸失去敏感度。了解味蕾的機理就能夠了解品味是有科學法則。這是第一步。

日本料理的特色是如UNESCO（聯合國教科文組織）所說「貼近自然的原味」。在第一章已述，相較中菜樣樣是重口味，濃淡的層次感不明顯，而日本菜是趨向「減法」的烹調法↓盡少人工調味，盡保留天然的原味。然而天然的原味也有濃、淡、油、清、重腥味、無腥味、有血氣、無血氣……，所以依味蕾的機理，淡泊味是要趁味蕾最敏感時品嚐，再徐徐漸進。

「吃的順序」是吃出日本料理精髓的重要「軟體」，是指：上菜的順序、整桌菜餚的下筷順序、一盤菜內不同的食材的下筷順序，以及在壽司吧台自由點的順序等，這是依循味蕾法則的生理學。

西餐就是照著這個生理學的順序。而和日本料理不同的是，西餐是一道一道上，所以自己不必想吃的順序。而日式套餐分兩種：一種稱「懷石流」是像西餐吃完一道才上下一道；另一種稱「本膳流」是我們最常見的，全部料理一起排出，有冷有熱、有生有炸……，讀者都如何下筷？它有一套傳統正規的吃法，使你吃到美味真髓。本章將告訴你，只要理解它的法則性就不必死記而且可以活用，因為就是順著人的自然的生理。

日式套餐（會席料理）和西餐的順序是同樣原理：

❶先付（也叫「お通し」，前菜之前的下酒小菜）→❷前菜→❸湯→❹生魚片→❺烤魚→❻煮物→❼炸物→❽蒸物（茶碗蒸或是土瓶）→❾最後是飯配醬菜和味噌湯→❿抹茶、甜點。

即使是飛機內的日式套餐，或是在日本經常會接觸的「松花堂便當」，它是始自江戶初期就有的仕樣：盒內是十字分四格，有生魚、煮物、炸物等，它其實是會席料理的縮影。區區便當也以這個順序吃，會有不同的享受。

在本章內我們照順序來享受一席日式套餐（會席料理），它的每一道菜也都是讀者最常吃的日本菜：生魚片、烤魚、茶碗蒸等等。如何吃得高雅、品出每個料理的最高價值。

原來如此！

日本的宴席套餐（會席料理）原本是為了喝酒的宴席，所以是菜餚全部吃完最後才吃米飯。但是現在成為老少普遍的套餐，所以不喝酒的人一開始就可以吃飯配菜。

2.

是kaiseki「懷石」，還是kaiseki「會席」？

——日本料理的三種形式

現在街坊上的所謂「懷石料理」似乎已成為「豪華精緻的日本料理」的代名詞，連在日本國內也積非成是到處可以看到，原因是「會席」和「懷石」的混淆，兩者實際上是完全相反的性質：

讀者最常接觸到的日式套餐，比方在日本旅館的料理是八、九道菜全部一次擺出，這是「會席料理」日文發音kaiseki，這和「懷石」kaiseki發音一樣，但是是完全不同的料理，這樣比喻：一個是「出世」，一個是「入世」。

嚴格說，並沒有所謂「懷石料理」，只有「茶懷石」，是茶道的一部分。並且「茶懷石」本身就是料理的意思所以再加「料理」兩字是多餘。

茶懷石它不但不豪華，相反的，是簡樸「出世」，代表茶道哲學的靜心、淨心、無為的「侘び寂びwabisabi」。後面詳述「懷石」兩字的由來，你會更了解是謬誤。

不過一個勉強正確的是，日式套餐（會席料理）分兩種：一種是全部一起擺出來的稱「本膳流」；另一種是一道吃完才上下一道，這稱「懷石流」，因為茶道的茶懷石是一道一道上。所以街坊稱的「懷石料理」挑剔一點正確的稱法是「懷石風料理」。

日本料理有三個形式：「會席料理」是最普遍的日式套餐，裡面的每一道菜都是讀者們最常吃的日本菜，本書以此為主。另外的「茶懷石」和素食的「精進料理」。雖然一般較少接觸，但是是日本料理技術的創始，以及料理的美學哲學的骨幹、脊樑。

1. 會席料理——百年來固定的形式。不好意思，無法加菜……

最普遍的日式套餐「會席料理」的源流是「本膳料理」，讀者在日本電視的大河劇裡可以看到宮中、殿王的宴會中菜餚擺在高高低低有腳的台子上那就是「本膳料理」。自古是以武士的禮法為中心的最高規格的料理：對菜色素材、食物在盤內的盛裝、在桌上的擺排位置和吃法禮儀都有嚴謹的規定。

之後本膳料理流傳到民間簡化成為「會席料理」。在江戶時代飲食文化盛開，當時是在吟詩作樂的聚會上為喝酒而有的宴席料理，自此奠定了會席料理的形式流傳至今成為定型的日式套餐。

再提一個中菜和日本菜的迥異之處：中菜是宴席愈隆重、主菜道數愈多，牛、豬、雞、鴨全上桌。而日本是再怎麼隆重，主人再怎麼想盛情款待你，會席料理的形式是定型的，絕對沒有「加菜」。

即使是日本令和天皇即位時宴請全世界元首、王族的「饗宴之儀」也是定型的：

❶先付：前菜之前的小菜。

❷前菜：也稱八寸或前八寸，當旬的山珍海味（三～七種）

❸御椀：當旬食材的清湯（也稱お吸い物）

❹生魚片：魚、蝦、貝類

❺燒烤物：如烤魚

❻醋物

❼炸物：如天婦羅

❽蒸物：如茶碗蒸（或是土瓶）

❾煮物：當旬的蔬菜和魚的組合

❿飯＋醬菜＋味噌湯

⓫水果、抹茶、甜點

讀者可以看到一席內有生、煮、烤、炸、蒸、漬，包羅日本所有的烹調技術以及當旬的食材。

但是唯獨沒有肉！

是的，正統的日本料理沒有肉。

日本人吃肉的歷史很短。西元六七五年天武天皇因受佛教的影響不殺生，下令禁止吃肉。但是上有政策，下有對策，老百姓就把肉換成植物名字：鹿肉叫「楓葉」，馬肉叫「櫻花」，山豬叫「牡丹」或是「山鯨魚」。至今這些料理仍是延用此名稱。

直到江戶末期受西洋文化的影響，一八七二年才解肉禁。「明治天皇吃肉了！」當時還成了大新聞呢。

不過日式套餐也漸趨國際化，牛排、東坡肉（和風）等也會用為主菜；也配合外國觀光客不能吃的食材可以更換，但是式樣是不變。

2. 茶懷石——日本料理的美學和哲學的脊樑

和大家所想像的「奢侈豪華的料理」正是相反，茶懷石秉承禪宗的哲學「侘び寂びwabisabi」它近乎中文的「無為」、「色即是空」的意思。是非常簡素的三菜一湯（絕對沒有肉）。吃慣了大排翅、肥牛排的人會覺得日本人真小氣，怎麼用這一小塊魚肉配上兩個菜根在招待客人？

這才是真正的茶懷石。

「懷石」名稱的由來根據古書記載，古代禪宗的修行僧侶只吃早、午餐兩餐，到了晚上飢寒交迫，就將一些小石子溫熱後放進懷裡以熬過飢寒。所以「茶懷石」是暫時裹腹的簡素飯菜之意。之後茶聖千利休結合茶道與茶道之前的飯菜奠定了「茶懷石」的式樣和禮儀。

正式的茶道是前半段先食用茶懷石，後段是茶道。因為濃綠茶傷胃，先取用一些食物保護胃膜又暫時充飢，才能專心享用茶道。

茶懷石表面是非常簡素又量少，但是有深遠的哲學：食材必是最新鮮當旬，也來自全國最好的產地。這是對大自然、氣候、季節、大地、大海恩賜的敬意。

另外，在烹調的細節，比方為了方便客人食用，會下細細的刀法稱為「隱包丁」；器皿的選擇和擺盤都含陰陽道的哲學；茶懷石的美學、哲學和禮數是日本料理的形而上和形而下的源頭。是日本料理的「脊樑」。茶道哲學在第2章的專欄詳述。

3. 精進料理——日本烹調技術的創祖

精進料理即素食料理。日本烹調技術如此精緻是自此開創出來的。

日本天武天皇下令不殺生禁食肉之後，在一二四四年道元禪師創立了「三德六味」精進料理的做法和式樣。

因為精進料理能用的食材有限，在這狹窄的限制範圍內如何做出美味精緻的食物？面對這個難題，集眾智慧研究開發出了新技術，比方從植物和魚類（如海帶和柴魚乾）萃取出可以媲美肉味的旨味「出汁」，這成為日本料理的骨幹。日本料理是從精進料理奠定了烹調技術。

京都的許多寺廟附近有為觀光客開的精進料理店。對規格式樣的講究和台灣的素食完全不同，值得見識一下。

3.

先付、前菜——最需要「目食」的料理

前菜上桌了！這是大家最餓的時候，但是再忍耐一下，因為這最需要你先「目食」的一道菜。

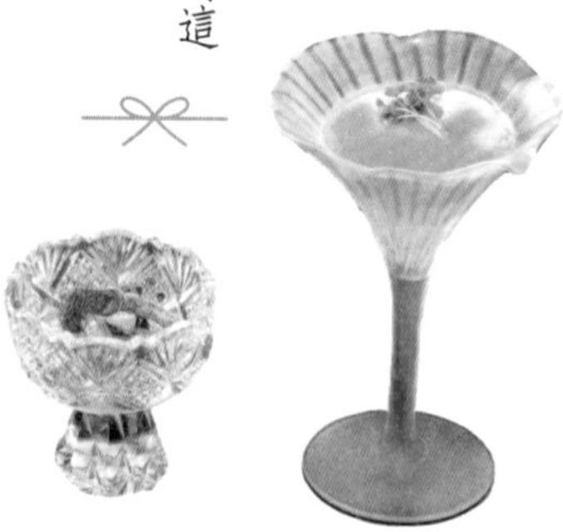

赴日本的觀光客一年突破了三千萬人。當然是想來見識日本文化，但是外國人在日本餐廳最不能接受、覺得無理的、最常起爭執的是在這個小小缽的「先付」。

「先付」——也稱お通し

「先付」也稱「お通し」，它相當於西餐的amuse-gueule是上前菜之前會自動上的一個小點，是為開胃、佐酒、墊胃。而和西餐不同的是，西餐不會另外索費，日本則是不問你要不要，一定上，並索費。雖然索費不高，約三百~五百

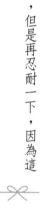

日元，但是這種強迫性的做法讓講道理、重邏輯的西方人很難接受。

店家的說詞是「這是日本文化」、「就請把它當成坐席費吧」。不過，不少店家也開始考慮國際觀感：

「難道只要說是『文化』就可以強制，不管合不合理嗎？」於是一些店家開始明文張貼出「本店收取（或不收取）『先付』費」；或是外國客人一進店時就先說明本店索取，客人同意後才入座。（這是在居酒屋或是平價的料理店才會發生，在正式的會席料理或是高級店是全部包含在內。）

「先付」是除了要有「心理準備」，它的吃法也要注意：雖然是一小小缽，但是一口吃下去是很粗，要分成二、三次細品它的珍味。

前菜——也稱八寸、前八寸

套餐的第一道菜，前菜是三～七種的山、川、海味的食材所組成，呈現當旬的季節感和當地的特產物。廚師用精湛的刀工將食材雕成當季的花、草、鳥、蟲等形狀，將大自然的恩典呈現在餐桌。這是最具藝術性的一道菜，再餓

也要沉住氣，先以視覺享受，日文稱「目食」。這就是日本料理的特點→重視形而上的享受。

欣賞時說出一些感想，比方「很有春天的感覺」、「顏色組合真美」，這也是對今天邀請你的主人一種謝意的表達。若一語不發，盲目地囫圇吞下這個藝術品，漠視廚師的功夫心血就掃興了。若是商務應酬，將話題放在料理的藝術和當地的特產上可以緩和一下緊張氣氛。

一盤前菜是數種食材的組合，吃法的順序是從左往右移。禮必有理，因為日本正宗的廚師的擺盤是有法則的：基於味道的層次感，他希望客人先吃的是從左往右排（和後述的生魚片一樣）。

若有小木串或是用松針葉串著白果，不要整串拿起來咬，用筷子將串上食物卸下來，再挾起來吃（凡有串子的食物如燒鳥都一樣）。

目食的要點

「目食」的要點首先是欣賞整體的造型、顏色組合、刀法，以及食物與餐具的搭配、食器的藝術。

看完本書後會激發出更多的感性，下次看日本料理會是不同的心境☺。

4.

御椀——清清的湯竟然是一餐的重頭戲……

吃慣中式料理的湯裡滿滿是好料的人看到日本的御椀，心裡會嘀咕：「就一片筍一塊魚肉，這麼寒酸的請客人……」接下來又以中式的喝法，一邊喝湯一邊把食物划進嘴裡……，以上都是錯失了它的精髓。

御椀是一餐裡的重頭戲：是日本料理之魂「高湯」和「旬」的合體。也是評定廚藝的關鍵。

高湯是無形的主角

御椀也稱お吸い物，是套餐裡的第二道菜。第一次造訪的日本料理店，只要喝一口御椀的清湯就差不多知道接下來的菜可不可以期待了。這道菜是判斷廚藝的一個準繩。

御椀是以高湯為骨幹。高湯日文「出汁」（dashi）是日本料理一切的基礎，御椀、煮物、茶碗蒸等等都是以高湯為骨幹。在書店可以看到光是「高湯」就可以寫成一本書。

讀者可以看到日本ＮＨＫ電視台的料理節目不時的會教主婦們如何製作高湯，現在仍是女孩子要出嫁時必學的第一個料理步驟。日本料理是從高湯為入門開始，也是以高湯完成廚藝的登峰造極。

而學問這麼深的高湯的基本材料不過是昆布和柴魚乾。並且日本政府農林水產省頒布的「日本料理準則」高湯的標準做法就是一個：

昆布浸泡後放入鍋內煮，要在水沸騰前，一有氣泡時就關火，取出昆布。之後鍋內加點冷水降溫後投入柴魚乾，一煮沸就關火。將整鍋用濾紙（濾布）過篩，這時絕對不能壓榨柴魚渣，才能做出清澄、黃金色、高雅的高湯。

雖然食材一樣，標準做法就是一個，但是十個料理師就有十種高湯的味道。

首先，材料選擇不同，比方同樣是昆布，但是北海道產的日高、利尻、羅臼，都各有特色，並且是用根部還是用頭部，味道又不同；柴魚乾要用帶血氣的還是不帶血氣？要用有油的「腹節」還是用無油的「背節」？要浸泡？泡多久？還是只過水幾秒？料理師依所要搭配的食材判斷，是各自千錘百鍊的結晶。

所以「清清的湯」並不是什麼都沒有，是去蕪存菁，只萃取最精華的味和香。高湯是無形的主角。

椀內的「旬」——季節的代言人

日本料理是以「旬」為主軸。懂「旬」的感性就會對御椀裡的「一小片竹筍、一小塊魚肉」改觀。

UNESCO將日本料理列入世界無形文化遺產的一個理由是：「日本料理貼切大自然」，就是指日本料理是緊順著大自然的循環，以季節的產物為主。

日本四季分明，因此每「旬」的產物非常明顯。依中國古曆，一旬是十天，確實一些旬的食物在日本是一、兩個星期就消失了。

比方蔬菜方面，春天的山菜只有趁嫩芽的幾天內可以吃；竹筍是只要筍頭尖稍露出地面就已經有苦味了，必須在土表發現有裂痕就要挖出，所以每顆筍的「旬」只有幾個鐘頭；日本也有筊白筍，但只在五月初的超市出現四～五天就消失了。

魚更是「旬」的代言人，是個活月曆。

同樣一種魚，因季節不同而完全判若二魚的是鰹魚。春天四月底、五月初的鰹魚稱「初鰹」是青年魚，它順著黑潮北上在日本外海遭捕。青年魚的脂肪少，肉有彈性，腥味不濃，這沾山葵、醬油食用；而漏網之魚們就繼續行程游向北太平洋，到了秋天，鰹魚游了大海一圈吃得中年發福後又游回日本附近，稱「回歸鰹魚」（戻り鰹），這時魚脂肥厚，血氣增多腥味重（極富鐵質），吃法則是微煙燻後，加薑、蒜吃。

中文「奢侈」是負面的意思，日文的「贅沢」是接近中文的奢侈之意，但也具正面的意涵，是究極的享受之意。依日本人的感性是，與其吃昂貴但是整年吃得到的食物，不如吃稍縱即逝、可遇不可求的旬物，甚至又是「初物」（當年第一次吃）來得「贅沢」。

御椀的品法——喝法和中餐不同的理由

讀者現在了解了高湯的深奧以及湯內的食材是稍縱即逝的旬物之後，再回來看清湯內的小筍片、小魚塊，有改觀了吧？

當你了解了料理的價值所在，自然品法就會變。

傳統正規的品法是依順序：先目食→品香→喝湯→最後才吃湯內的食物：

❶這一道重頭戲御椀在高級店一定是用貴重的木漆器，甚至有加上金箔圖案金蒔繪。湯一上桌先欣賞木漆椀的整體，即前述的「目食」。

❷接下來打開椀蓋。如前章所述不滴濕桌面的開法。打開之後，再欣賞一下椀內食材的精心擺排和感受其季節性。大多是蔬菜和海產的組合，比如初夏是鯉魚和幼牛蒡；盛夏是冬瓜和鱧魚；冬天是螃蟹和蘿蔔。目食是只要三秒鐘就好了哦！只要展現出你感受料理的形而上的部分的價值，而不是只顧吃，閉著眼睛囫圇灌下。

❸終於可以喝到湯了☺，不過再等一下，還有一個是日本料理別於中菜，

品湯的重點在於品香。因為嗅覺是比味覺更纖細，更容易變鈍，所以喝之前要先欣賞香味。在第二章學的就用在這裡：用右手拿起椀放在左手心上聞香。

❹日本正規的喝湯法是：先喝一口湯後，才開始吃食物。吃和喝要分開，絕不像吃中餐般的邊喝湯邊划食物進口。因為高湯和旬的食物各都是主角，如此，高湯和旬味都品到了一〇〇%，也就是達到二〇〇%究極的美味。

日本四季「旬」的味道的特徵

孔子說「不時不食」是科學。

大自然真是有替人著想，旬的食物不光是新鮮好吃也益於健康。日本四季旬味的特徵如下：

春苦：春天旬的蔬菜大多帶有苦味，這是因為冬天血液循環不佳，而苦味有detox排毒作用。

夏酸：夏天水果酸味重，是在酷熱中可以提神又刺激食慾。

秋滋：進入冬眠前的動物需要滋補，所以秋天的一切食材是營養最豐富、味道最濃厚。

冬甜：寒冬的蔬菜和魚、貝類都是最甘甜的時期，因為寒冬中人需要較多的卡路里。

5.

生魚片——最需要「品味的科學」的一道菜

在世界上，抓到活魚不經過烹調就直接吃下去的民族大概只有亞馬遜叢林的部族和日本人。不同的是，日本有一套將天然原味發揮到極致的吃法原理。

「我吃了一輩子的生魚片，現在才告訴我吃法錯了？」

習慣中國菜的人大概從來沒想過「吃」還有正不正確的方法!?會產生抗拒心理。這可以了解，（這是重複）因為中國菜是幾乎每道菜都口味重，所以先後順序不嚴重。而日本菜是纖細的天然原味，並且層次之廣，從淡泊清爽到重腥肥油。所謂「吃法正不正確」是指「讓味蕾確切的捕捉到每一個食材百分之百的美味優點，不被蓋過」。所以愈是天然的原味愈需要有品味的知識。

一盤生魚片大多是兩種以上的組合，是按什麼順序吃？為什麼？蘿蔔絲是和魚肉一起吃？山葵要溶進醬油內？

在這裡學到吃生魚片的知識可以同樣應用在壽司的要訣。

吃的順序——廚師的擺排是個暗號

日本料理美麗的擺盤不是噱頭，也不是廚師即興亂排的，它是個暗號。正宗的日本廚師會以吃的順序為要。擺排是依希望客人先吃的順序：先從左、往右再往後（前菜、天婦羅都一樣）。

所以味道淡泊，腥味少的白色魚肉，比方鯛、比目魚、鱸魚等一定是排在前方左邊；廚師會依當天蝦、貝的種類以及鮪魚的部位、脂肪多寡判斷在右方或後方的位置。下圖為料亭美濃吉之例。

若是在日本以外的國家的廚師不知道這個排列的法則，這時讀者就可以依此原理發揮知識了：剛開始是味蕾最敏感的時候就從纖細淡泊的白色魚肉開始。淡色的魚肉，味道就淡；深色也就是血氣多，味道就濃；蝦、貝類是腥味較重。

蘿蔔絲是為何而有？

魚肉的順序吃對了而卻將蘿蔔絲一起吃進去就沒有意義了。生魚片旁邊配的蘿蔔絲或海藻類統稱為tsuma，它的作用是吃完一種魚之後爽口去味，才可以吃到下一個魚肉完整的原味。兩者一起吃，不就減損魚肉本身的美味了？

山葵辣不辣在於氧化程度

山葵的吃法就是一門化學。山葵的辣味程度取決於它的酵素和空氣氧化的程度，也就是在於它的磨泥法以及放置時間的長短。

有廚師用小木板上釘著鯊魚皮研磨山葵，因為鯊魚皮有極細小、堅硬的「楯鱗」可以磨細到稠黏。如此山葵氧化多，香味也就濃又刺激嗆辣。這是自江戶

時代就有的做法。

而用粗面的金屬器磨的山葵則氧化部分較少，有青草香味、有甘甜味，甚至直接吃也不辣。但是放久了氧化多、辣味也會增加。廚師會細心得判斷什麼食材應配什麼狀況的山葵。

山葵的正確用法

一點點的山葵而廚師會這麼費心是因山葵是不可缺的配角，功用是除腥和襯托海鮮味，所以山葵是有正確的用法。首先要捨去「山葵是相當於我們辣椒醬」的觀念。

新鮮的山葵在日本不便宜，因為它只生長在特種的環境下：水質好、氣溫陰涼和砂礫土質。並且它一年只長三公分。讀者現在了解了新鮮山葵的價值在於它的香氣和原味就不會再把它溶在醬油裡像用辣椒醬了。

吃出新鮮山葵的價值的方法：挾一點山葵放在魚肉上或是捲在魚片裡面，以魚肉沾醬油如此就可以品到山葵本身的芳香原味。

並且溶入醬油的話就無法調節每一種不同魚的山葵的量：油脂多的魚就用多點山葵；淡泊無脂的魚甚至就不用山葵，只沾醬油。

例外的是腥味重、味道濃、有肥油的如鰹魚、鮪魚等而且大多切得較厚，這就將芥末溶在醬油裡才可以均勻得沾到。

迴轉壽司店不是用新鮮山葵，是山葵粉和水，所以怎麼吃都隨意。

挾一點點山葵放在魚肉上或是捲在魚片裡，以魚肉沾醬油。

若是誤食太多山葵嗆到鼻子，別慌，只要把嘴巴稍微張開，不讓辣味往鼻子衝，辣味馬上會氧化揮發掉。當然要輕捂著嘴喔！

醬油的用法透露一個人的文化度哦！

日本人是當看到很不舒服的光景反而會一語不發沉默無語，日文叫「默殺」，不想把眼前的事當真吧。如果和日本人吃飯，將醬油倒得小碟子滿滿的，再將整片魚肉沉浸在醬油裡，這時同桌人一定會變得鴉雀無聲。

這大概又是一個異文化的衝擊。吃生魚片和壽司時醬油的用法很顯眼，由此可窺視出一個人的文化教養，因為這有正規合理的用法。

首先，「要吃原味所以不用沾醬油」並不是好品味，因為醬油含豐富的胺基酸更能襯托出魚肉的甘美。**但是沾法是只沾魚肉的一角。醬油倒少，用完再加，盡量不剩。**

複習前章的重要規矩：盛醬油的小缽、淺碟子，哪一個要拿起來用，哪一個要放著用？（不同於中餐，餐桌上絕不滴落醬油）

相信讀者看到這裡已經會以「理」思考「禮」了。是的，淺碟子拿起來的話醬油易潑出來，所以是放著用（圖❶）。有深度的小缽要拿起來用的（圖❷）。

❶

❷

大家共用的海鮮舟

最令觀光客興奮的是那載滿著豐富多種海鮮的大船（舟盛）。大家共用時要注意禮讓。不需要每一種魚都吃，但是絕不把自己喜歡的全掃光。一次不拿多，約拿三種魚，分次取。

料理的「逆轉進口」

在日本的義大利餐廳或是在義大利靠海的餐廳大都有生魚料理carpaccio，所以一直以為吃生魚也是歐洲人的習慣，之後才知道原來生魚carpaccio是日本發祥，傳去義大利後再逆轉進口回日本的菜。歐洲原本carpaccio是生牛肉片淋醬汁而現在生魚版已成為普遍的義大利菜了。

酪梨＋蝦子＋美乃滋的「加州捲」壽司，雖然，被正統師父罵是「邪門」，但即使它不是正統的壽司在日本仍極受歡迎。這也是從美國逆轉進口的「洋壽司」。

6.

烤魚

——整條魚是你的，但是從哪下筷有規矩哦？禮必有理……

日本菜和西餐一樣，大型魚是切成塊，而小型魚是連頭帶尾上桌。全魚是最高難度的料理，所以在西餐和日本料理從吃魚可以看出一個人的文化教養。

西餐和日本菜在吃魚的規矩上有共通點：

❶要吃得清潔溜溜不留一絲肉在骨上。這代表刀叉或筷子的功夫佳，即家教好的意思。

❷吃完後的盤相很重要，皮、骨殘骸全聚在一起，絕不散亂。

日本料理比西餐多一項規矩：整隻魚要從哪裡下筷？這個禮又是基於什麼理？

依魚的體型攻法不同，主要分成長筒型和扁平型魚。

長筒型魚　鮎魚、秋刀魚——最高難度

去日本鄉村遊旅只要有小河川的地方一定有鮎魚為當地的鄉土料理。鮎魚只棲身在淨度高的河川。因為牠只吃河裡的苔類，所以沒有一般淡水魚的腥味反而有香味（日本人覺得有西瓜的香味），中文稱它「香魚」。台灣近年開發了香魚養殖，大家接觸的機會也增多了。

京都因為不靠海所以鮎魚自古是京都料理的代表。京都的由良川、桂川是著名產鮎魚，是早自室町時代的天皇的最愛。

鮎魚解禁是從五月中旬開始至十月中旬其他是禁捕期，所以牠是日本夏天的風物詩。

六月至八月是幼魚約十二～十五公

分，油脂少，適合用鹽燒。骨頭柔軟，可以連骨頭從頭吃到尾。

七月至八月是成年魚約二十公分，油脂豐富、肉味濃，是最好吃的時候。

九月至十月是產卵期，抱卵香魚適合醬油甘露煮。

鮎魚是從野外的河邊現烤現吃到最高級料亭都有的料理，當然依場合吃法不同哦！

另一個常見的長筒型魚是秋刀魚，不過牠大概要改叫「春刀魚」了。

顧名思義牠在日本是秋天上市。日本政府之所以限制八月一日之前禁捕是為了讓魚生長到成年產卵，因為幼魚就捕獲的話不但小又沒有脂肪也會導致絕種。而近年台灣和中國也盛行吃秋刀魚，在黑潮南端的公海上就大量截獲。再加上，由於海水溫度上升，過去秋刀魚的洋流偏離了日本近海，所以日本的捕獲量更是激減。於是在二〇一九年日本政府開放五月一日即可出航。為了資源的永續也和中國、台灣制定了捕獲量的國際協定。

所以以後在日本春天就可以吃到秋刀魚，相對的，秋天能夠吃到肥厚又大隻的機會就減少了。

長筒狀的魚有一個正規也是最有效率的吃法：

❶用餐巾紙按著左邊的頭，用筷子將魚身按壓數次，使魚骨和魚肉鬆開（圖❶）。

❷先用筷子挾斷魚尾（圖❷），也挾除魚鰭。

❸接下來用筷子固定魚身，左手用餐巾紙將魚頭抽離魚身（圖❸）。將魚頭和魚尾都放在一個角落，整隻魚就只剩下肉，痛快吃吧！

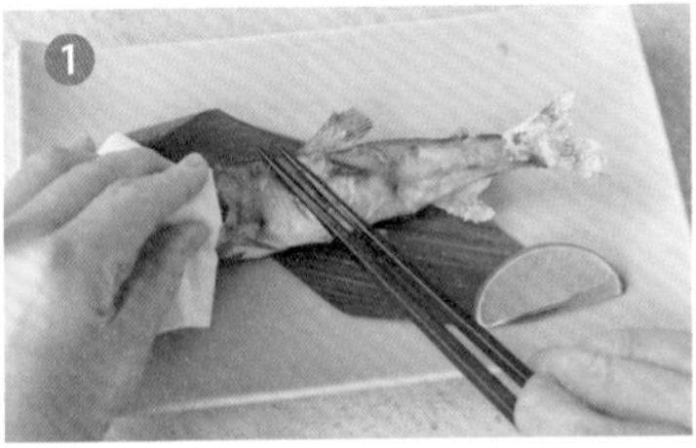

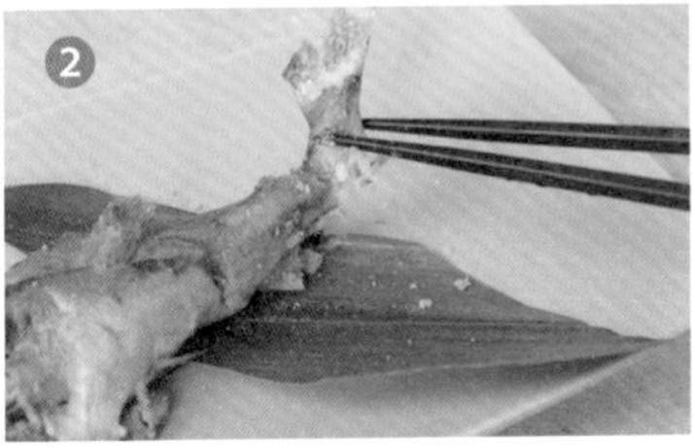

鮎魚一般是沾醋吃。秋刀魚和鮎魚的內臟帶苦味但有豐富的維他命A，和魚肉一起吃會更增風味。不吃內臟可以留下，和殘骨全聚在一起（圖❹）。

扁平型魚　鯛魚、竹莢魚——最乾淨的吃法

日本的喜慶或是高檔的套餐是用有吉祥之意的鯛魚。最著名的「鳴門鯛」是在世界三大潮流之一洶湧的鳴門渦潮中生長，就像天天在健身房般當然是肌肉緊實。鯛是最常出現在正式場合的魚，它有正式又有效率的吃法，也用於一切扁平形的魚：

❶先將魚身上的裝飾，如楓葉、假花等挾到一角落，再將魚鰭挾下來。也就是法則和西餐的帶骨、帶殼的料理一樣，只要先分離「能吃和不能吃」的部分。

❷魚從哪兒下筷？吃慣中餐的人會莫名其妙：「這還要人管嗎？」不少人喜歡先吃魚肚，而日本則是有正統的作法。這也是感性上的不同，但是我們需要學習的是：雖然是自己盤內

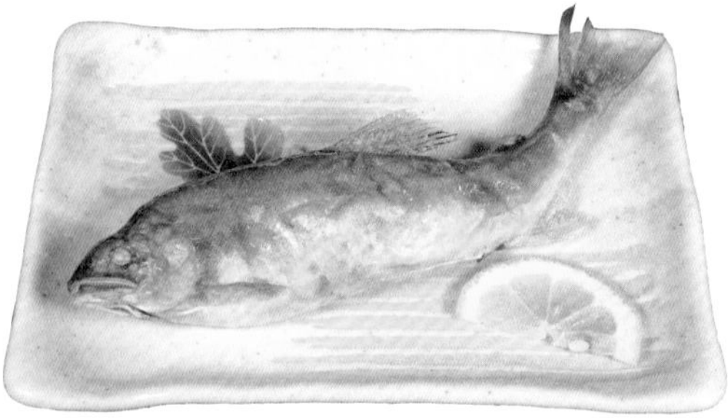

的食物，但是東戳一口西戳一口的邋遢像會讓同桌的人噁心。要顧及別人的感受。

作法是：魚頭一定是在左邊，就從左邊魚頭邊緣的肉開始下筷，逐漸往右移至尾部。

❸絕對不替「鹹魚翻身」，西餐和中餐亦同。吃完上半面之後用餐巾紙按著魚頭，筷子放在背骨下方將魚肉和背骨連著尾巴分離，然後整個魚頭連著背骨挑起來放在盤內一邊。

❹魚皮的膠原蛋白豐富，最好全部吃完。若不吃，將魚皮摺小放在盤內一角。

烤魚或煎魚會附上一小條醋薑，有沒有人剛開始就把它吃掉？不行喔，這是爽口用的，魚吃完後才吃（如圖）。

烤魚附上的嫩薑。

7.

茶碗蒸——這用筷子吃？

先說答案，用湯匙吃是當然的，只是茶餘飯後想想它原本是用筷子吃的理由……

日式套餐一般是在烤魚之後上「炸物」，但在本書內陳姐姐將天婦羅放在後面「江戶四大料理」的單元中說明。油膩的「炸物」之後是上爽口的「蒸物」，最普通的是茶碗蒸（更高級的是土瓶）。它大都是附上小湯匙。用湯匙吃當然沒有錯，不過正統的日本料理其實是沒有湯匙這個食器，茶碗蒸原本是要用筷子吃的。現在日本仍有年長者用筷子吃。這一點讀者不需要做到，但是下次可以玩玩看。

先說用湯匙的吃法

❶首先，茶碗蒸的蓋子掀開之後，怎麼放？讀者已經熟記原則了吧？是的，蓋子朝上擺，才不會讓水珠滴在桌上。

❷茶碗蒸的難題是，蛋黏在碗壁上很難吃得乾淨。一個訣竅：在吃之前用筷子或湯匙，先在蛋和碗之間畫一圈，讓整體分離後就可以吃得乾淨。

❸剛蒸好的很燙，但是和西餐禮儀一樣，請不要以為呼呼吹很可愛，看起來幼稚又土。只要盛在湯匙上一會兒就會變涼。

❹吃完後，湯匙不放在碗內，放在托盤上。

如何用筷子吃？

先說為什麼要用筷子吃？原因是茶碗蒸的精髓又是在於那個無形的主角——高湯，所以它原本是屬於「喝」的料理。那蛋要怎麼「喝」？

做法同上，先在蛋和碗壁間用筷子劃一圈分離，之後用筷子把蒸蛋輕輕攪碎後，就像喝茶般的以口就碗喝就行了。裡面的食物用筷子挾著吃。

8.

煮物——最展現出你筷子的功夫的一道菜

又來了！這麼簡樸的蘿蔔、芋頭、牛蒡又是重頭戲嗎？這道菜的無形的主角也是高湯，有形的主角是各食材及其刀藝。

「煮物」是日本關東的稱法，關西稱「焚合」意思是合煮在一起。不過，其實各食材是分別煮好後才放在一起，再以高湯融合為一體。

各食材需要分別烹煮是因為各食材的熟軟度不同。日本料理非常重視食材的形體美觀，要煮熟爛很簡單，而要煮到熟透而外觀立挺、不潰散，這就需要廚師精湛的刀法和燉煮時間拿捏準確。

正確又美觀的食用方法

中菜的一個「特色」是似乎都不替客人著想「雅觀的吃相」，大塊食物、帶骨的肉任你大口撕咬。但是吃日本菜和西餐請千萬要換個腦袋，絕對沒有「扯咬」這個動作！也沒有需要。

日本菜的大塊食物要用筷子分成一口大，一口吃下（如圖）。絕對不挾起整塊，咬一口又放回去。

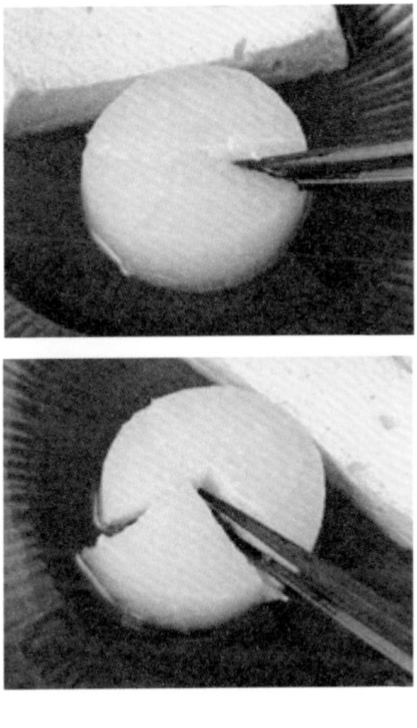
用筷子切成一大口

煮物的每個食材都很大塊的原因是，才不致在煮燉的過程中形狀潰散又流失了美味。只要你用前章所述筷子的標準拿法就可以切分得穩又巧。任何食物只要入口時是小於嘴，一餐下來，就不會沾汙嘴，口紅也不會暈開。

稍硬的食材，廚師必會下「隱刀」——幾乎看不到細細的刀劃在食材上，方便你用筷子分卸。竹筍、蒟蒻可以分口咬食。

一般的硬又大塊的如炸豬排、炸雞、天丼等是家常菜、小吃類不會出現在正式場合，不必在意。

品法

煮物為了保溫大都是加上蓋子。和之前品湯一樣，蓋子打開後先目食欣賞一下整體的傑作：食材形狀的刀藝、顏色的組合和感受當旬的季節性。

關東風煮物的特色是湯汁少，關西風是湯汁多。食物吃完後，剩下的湯汁如何處置？

讀者了解了這道菜的精華就在於高湯，就知道當然不要剩下。

喝時，男、女都要用雙手，碗放在左手心上，右手扶著碗。

不覺得用單手拿著喝看起來既粗又像在「灌」湯，用雙手才像在「品」湯嗎？

9.

土瓶——這道菜的精髓是在空氣中

土瓶的精髓是什麼？
這道菜不用碗，而用壺形，這就是答案。
（陳姐姐的這篇被列入「土瓶」的維基百科。）

外國觀光客一看到土瓶上桌都會開心眼亮，但是土瓶的壺狀並不是為了博開心的噱頭，它具重要的功能性——如同西洋酒杯，杯口窄是為了捕捉酒的香味。「品香」是這道料理的重點，所以用有蓋子和細口的壺形。

土瓶也是一個「旬」的代言人，以嗅覺捕捉季節感的一道菜。

一些珍貴的食材比方有奇香的秋天食材之王松茸，大多是用土瓶。只有土瓶的功能性才能發揮一些食材的價值，但前提是，唯有當你用對。因為世界上沒有像土瓶這麼麻煩的餐具，但每一個步驟都是為了攫取不同的精髓。

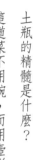

補捉精髓的品法

❶第一是品香。打開壺蓋先聞一下香味。

❷再將蓋子倒過來用為小杯。接下來像倒茶似的將

湯倒進去（圖❷）。倒的時候就像倒茶般要用雙手。先只品湯。

❸品湯之後，從壺裡挾出食物，但不可直接放進嘴裡，放在小杯

裡，從小杯挾食（圖❸）。有魚、蝦的土瓶會附有小酸橘可以除腥。用法是不擠在瓶內，擠在小杯的食物上（圖❹）。

接下來就食物和湯輪流吃。每喝一口湯時，先品一下香味再喝。

❹吃完後，蝦尾等殘渣全部放回壺內。小杯子蓋回壺上，恢復原狀。

10.

抹茶、和菓子——需要轉抹茶碗的哲理

為什麼要轉抹茶碗？由此了解日本的「表、裏」的哲理。

表、裏（正、背面）的分別為什麼重要？

赴日本的觀光客已從過去的爆買家電和藥粧進階到「文化體驗」的旅遊。在寺廟等地體驗一下茶道是許多觀光客的嚮往；在正式的日本料理店也會在一餐的尾聲奉上抹茶及和菓子（日式甜點）。

面對這個藝術品般的大抹茶碗，不要說是外國人，即使一般日本人除非有學過茶道也對喝法不大有信心。讀者或許在電視上看過喝抹茶好像要把碗放在手心上轉？如何轉？為什麼要轉？

這是日本茶道的一部分，不會做沒有關係，但是聽聽看要轉茶碗的理由和正確的轉法，由此可以了解日本獨特的感性↓表、裏（正、背面）區分的重要性。（也不能說是日本的「獨特」，因為西式禮儀，英式和法式的舀湯方法以及叉子正、反面的用法不同，是基於同樣的感性。）

抹茶碗的正確轉法和喝法

❶右手拿起茶碗，放在左手手心上，之後將茶碗順時鐘方向分兩次轉九十度（從十二點轉到三點的位置）。

❷茶絕不一口氣喝完。正式的茶道是分三口半喝完。別嫌囉嗦，這是為你好，因為茶既濃又苦，所以要慢慢品嚐它苦中的甘味。並且喝太快會傷胃。

❸喝完後，同樣分兩次逆轉九十度回到原先的位置。

以上三個步驟是日本茶道的最基本。

為什麼要轉茶碗？

這正是日本的一個代表性的感性：一切有「表、裏」即「正、背面」之分（在80頁特集內詳述這是源自中國的陰陽之道）。

正面是「陽」朝向對方，以示敬意；背面「陰」，向著自己，以示謙卑。

一個正式的抹茶碗的內上方會有個小圖案，這相當於一種落款，這是正面，所以呈給客人時這個圖案是面對著客人。而客人喝茶時堂而皇之得正對著落款喝是不敬的，所以將正面轉九十度到旁邊，以示對落款的敬意。

和菓子的吃法

和菓子的吃法和咖啡配蛋糕不同喔！西式是邊吃甜點邊喝飲料，日式是先吃完甜點後才喝茶。

雖然和菓子是小小塊，但是絕不一口吃下，要分成兩、三次。

一般會附上像似個大牙籤稱「黑文字」，用它切成一小塊，插著吃（圖❶、❷）。

和菓子絕不一口吃下，要分兩、三次。

一席會席料理的尾聲仍是以「旬」落幕。和菓子也是一個「旬」的代言人，以顏色和形狀呈現。

職人將和菓子雕成時令的花、草、鳥、蟲的形狀。利用材料本身的天然顏色呈現日本獨特的「和の色」：如櫻色、撫子色、藤色、真朱、山吹色、萌蔥色……等等。日本季節分明所以花草樹木的天然色彩有無數的層次，「和の色」就是盡可能捕捉每一層次微妙的顏色。讀者可以搜尋「和色大辭典」會看到無限的顏色和命名。光是看那面網頁包羅一切大自然的顏色就非常療癒了（本書的封面就是和的顏色）。

將大自然融入食材的分子內，日本料理是無雙。

帶你上三百年歷史的高級料亭——

一、能夠維持三百年的經營祕訣
二、上料亭的禮儀舉止（觀光客也需知的日本常識）

本書看到這裡，相信讀者已經有信心赴任何場所了。陳姐姐帶你上一家有三百年歷史的日本高級料亭。

料亭是最高檔的傳統日本料理餐館。曾經有位二十多歲的日本年輕人不小心當選了眾議員，他在媒體面前興奮的說：「哇！以後就可以上料亭了！」當然他之後被輿論修理了，不過這就是日本人心目中「料亭」的地位。

上料亭必是有相當的事由：想要隆重款待重要貴賓、政治家密商、有經濟能力的人婚、喪、喜、慶，是特別日子的最高檔的舞台。但是為什麼一定要在料亭？和餐廳不同嗎？

料亭別於一般餐廳，首先房間都是區隔的個室，有絕對的隱私。比方一家在東京虎門的料亭女將帶我看他們有一間叫「政治房間」專供政治家密談，它有祕密通路直接到停車場可以避開記者。料亭一直是政局重要的幕後舞台。

料亭的客製服務和料理的品質可以說是「日本之最」的代表（不過一位女將說前首相小泉來料亭只吃可樂餅和茶泡飯）。

料亭大都是傳統式的建築物，裝潢擺飾品有些甚至是國寶級，餐具也近乎藝術品，一切蘊釀出厚重的氣氛讓一般日本人也戰戰兢兢。因為說料亭是「最高檔」並不是光指在價格上，有文化的日本人知道，有去得起的錢也要有去得起的高檔的舉止。

近年有專上日本料亭的中國旅遊團，雖然價格高但是很有人氣；也有不少日本料亭在北京、台北、上海等地開設分店，所以一般人上料亭的機會多了。

陳姐姐帶您深入一家傳承三百年歷史的高級料亭，探討他們在幕後是什麼樣的職人精神，方能在各方面達到「日本之最」。

Part 1

可以維持三百年的祕訣——三個堅持

「美濃吉」是日本屈指可數的著名料亭，創業至今滿三百年。雖然京都也有其他歷史悠久的料亭，如山花景八創業四百年，但是一個家族一脈傳承下來的只有美濃吉，世界上也是獨一無二。雖是高級料亭，但是在全國各大百貨公司的地下食品街也買得到美濃吉料亭便當，平價也可享受到正統的京都料亭味。

明美小姐的哥哥是第十代傳承人掌管京都本店，她則掌管關東地區的八個店。京都本店是三百年前創業時就在現地的一個古色古香的日式建築，明美的東京本店是在摩天樓內。

三百年歷史的美濃吉料亭傳承至今。

今天明美抱了一大堆茅草進到料亭來：「這是我昨天去飛熱氣球在溪邊割來的，今天料亭的活動『風の盆』要用的（後述）。」明美和我是長年來飛熱氣球的夥伴（不同隊，但家住很近），她是日本最早的二位女飛行員之一。

一般人從地面仰望天空中徐徐飄浮的熱氣球會覺得是好優雅的空中散步，但其實它是非常粗獷、危險又原始的冒險，因為它不用任何機器，全憑感覺應變抓住風向操縱航行。是和大自然融合、鬥智。

並且「融入大自然」到：為了大清早要飛行，必須住宿在最靠近原野的農舍，晚上看著老鼠到處亂竄……；背二十公斤重的瓦斯桶是不分男女的工作；甚至我有一次在強風中飛行，必須在高處就關火、強行落地時還摔裂了幾根肋骨。

明美是美濃吉料亭的活看板女將，她每天親自插花，用書法寫菜單，穿著和服優雅的招呼對應客人，誰也想像不到她是每週末飛越原野川河的熱氣球冒險家。應變和堅持的精神也在她的經營手腕。

明美帶著親自割的茅草到料亭為活動裝飾會場。

堅持一：不死守傳統，溫故知新

一團十多人的中國年輕企業家前來日本，目的是參訪著名的企業，向日本式的成功經營學習取經。其中一站來到了美濃吉，因為傳承三百年的餐廳在世界上是不可思議的，歐洲也沒有此例。他們笑著說，在中國撐過五年就稱得上是「老店」了。

大家邊吃料理邊和明美聊。

團長代表提問：「為什麼三百年來只做一個事業，而不發展其他事業呢？」

明美答：「就是因為不發展其他事業只做一個事業才能做到三百年。」

在事業經營的理念上，一般中國人、台灣人對所謂「事業」的看法大多是：只是一個賺錢的方法手段。所以本行一賺錢就想要以錢滾錢，去拓展其他事業，如房地產、金融投資買賣等等不斷地擴充，不會只專注於原本的專業使之更精進、造極。並且若是本行一做不好就馬上賣掉，轉換跑道。相對的，日本的職人精神不只是在製造業上，在軟體方面如服務精神、企業經營上也存在。

職人精神是對自己投入的專業無止境得深入、造極，如此衍生出自負——尊敬自己選擇的職業，也是對自我的尊敬。

但是職人精神並不是只埋頭苦幹、視野狹窄。一個傳統事業既要傳承歷史又要配合新時代的轉變，這是一個老店要永續最大的課題。美濃吉在這傳統和先進進化的夾縫中則取「溫故知新」。

1. 積極使用新食材、洋食材，用新烹調法

日本的 innovetion 革新不只是製造業，在文化、科技上甚至小農家也不斷得創新改良品種、嘗試栽培西洋蔬菜，在日本超市不時會出現所謂「新臉蔬菜」。一陣子不上超市，還真會趕不上最新版 update 的蔬菜呢。

如前述日本套餐的形式是規定的，一定是生魚片、天婦羅、煮物……，再怎麼愛吃日本菜的人也會生厭。美濃吉就積極引用「新臉」和洋食材：

比方正統的京都料理是吃川河的淡水魚，但是他們也會積極使用海鮮或用刺龍蝦、鵝肝、魚子醬等的洋食材；也可以選擇主菜是魚或牛排。

烹調法也當然要隨著新食材改變。美濃吉關東的八個分店輪流每個月開新食材、新烹調法、新菜單的試吃和討論會。

2. 新時代日本人也不跪坐進食了！

陳姐姐常說一個不合理、不合人體、不合自然的傳統和禮儀必會被淘汰，一個實例就是日本人在榻榻米上跪坐著進食。除非是已成了習慣，比方陳姐姐學習茶道數十年，一次要跪坐兩小時，自然膝蓋和大小腿的筋骨肌肉是習慣了，但是一般的日本人是跪十分鐘都受不了。並且現在日本的都市擁有榻榻米的住家愈來愈少，很少年輕人可以跪坐了；即使是過去習慣跪坐的老年人現在膝蓋衰退，一跪坐就站不起來了。

在過去料亭的特色就是傳統式的跪坐在榻榻米上的矮桌前進食。不習慣的人會不時得將雙腳伸出、斜擺、交換雙腿……很受罪；或是勉強忍耐跪坐，但是腿麻了一站起來就摔下去。請放心，這會走進歷史。

記得我幾年前以客人身分去美濃吉時，座位已改成「掘りごたつ」在榻榻米下面挖成空洞，上面擺桌子，雙腳就可以如同坐椅子般的垂直在地面。而現在全店已經改成座椅了（在榻榻米上）。因為之前的「掘りごたつ」要從洞裡抬起雙腳伸到外面、再爬起來，對老輩的負擔仍是很大。配合高齡化社會的變遷，配合人體工學上的舒適是勝於傳統。

不過不少外國觀光客還是喜歡體驗日本味十足的挖洞式，如果要求的話，店家可以立刻改造房間：只要掀開幾個榻榻米，下面是空洞，上面再擺桌子，就可以彈性應付。

對服務人員來說椅式也更方便服務。之前的矮桌，侍女們每上一道菜、每服務一位客人必須又跪又站。並且危險的是，由於侍女跪在客人後面，所以客人不易察覺，上熱湯時可人可能一個動作打翻了熱湯等。在動線上也不合理。

座椅是較符合人體工學。所以對傳統是該取或該捨？是依理判斷。

堅持二：究極的客製服務

再怎麼嘴說「仇日」的人去了一次日本一定會想再去。最大的魅力大多是因為日本人的服務精神。

不少國家的住宿飯店也是有無微不至的客製化服務，但是只光是用餐的餐館而客製服務細膩到這程度，也只有日本的料亭。

客製到什麼程度？

上料亭一定是有特別的事由，這時，料亭會「和你站在一邊」盡力幫你「促成」。

首先，在客人預約的時候，料亭會問是什麼樣的事由。應事由，準備上完全不同：

◎房間內的擺飾因事由而不同。比方喪典的話，字軸上的字用「夢」，喜事時換成「寿」；喪典用的花是菊花，相親的話就是豔麗的玫瑰花。

◎用的魚也不同！慶典的話必是用鯛魚。
◎料理盤內的擺飾，喪、慶、相親也當然不同。
◎服務陣容也不同。若是商務應酬，主客彼此都有任務的壓力，所以讓可愛的美眉服務（不可碰哦），柔化緊張氣氛；若是喪典，必會是全家參加也必有小孩和嬰兒，這就會安排年長的侍女懂得哄孩子。

侍女不是光上菜，也是協助今天的事由順暢進行的好幫手。侍女也需要知識以提供話題，比方從四十八樓的美濃吉可以眺望東京的景色，可以告訴外國人富士山在哪一邊；東京樹離這裡多遠；對面的摩天大樓是東京都廳；鮎魚是今早在京都捕的、京都蔬菜「京菜」是剛剛運到的；提供食材的背景增加客人的想像力可以刺激食慾。

套餐的菜色裡若是有不能吃的比方生魚，在點菜時就可以要求換成熟魚，這一點一般餐廳都會配合的，而料亭可以更貼心做到一點：在商務招待，受款待的客人是不好意思自己主動問每道菜的詳細內容，直到端上桌才發現有不能吃的……雖然是已經上桌的菜，侍女會毫不猶豫得撤回，立刻吩咐廚房另做。

只要看到有老年客人，侍女會主動告訴廚房在食物上多下「隱刀」（在食物上劃細細的刀工以便咀嚼）。

料亭沒有「兒童餐」，幼兒大都是和大人共享一份，不過侍女會主動吩咐廚房做些可愛的小飯糰給孩子。

需要靠現場的侍女靈機應變的又比方當聽到客人們說：「恭喜呀！」她們會仔細「偷聽」是在慶賀什麼？是升官？還是生日？之後通知廚房多做一個小點助慶。端上桌時，這個貼心的驚喜會給客人留下深刻又溫暖的回憶，也就是抓住了客人的心了。

堅持三：珍惜人。也是進步的原動力

明美講到最後一個為什麼能夠維持三百年，他們的堅持是一個代代相傳的家訓——「珍惜人」。「人」是指顧客和員工。

前面提到明美抱了一堆她自己割的茅草是為了一年一次秋天的祭節「風の

盆」裝飾會場用的。

這也是別於一般的餐廳。美濃吉一年舉辦數次活動，比方過年時請京都的藝妓前來表演、夏天邀請法國小曲chanson（香頌）歌手、秋天是風の盆等。只要有留下地址的顧客都會發出通知。互不認識的客人共聚一堂邊吃邊欣賞表演也增加顧客之間的聯誼。料亭不是冷冰冰的高級感而是有家的溫馨。在美濃吉的辦公室裡就有專門保管顧客資料的大櫃子（如圖）。

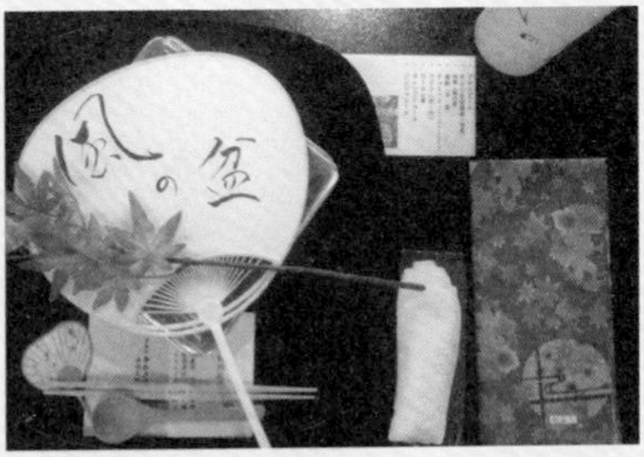

有系統管理顧客資料。

今天的「風の盆」是富山縣九月著名的祭典。料理的主角是秋天旬物的松茸料理。

「風の盆」的表演團共六個人。在表演之前團長先給客人上一堂文化課解說「風の盆」的由來：在富山是為了祭拜祖先和祈求五穀豐收；也介紹日本的胡弓是不同於中國的二胡等知識。客人也享受到文化風雅。

對明美所說的家訓「員工是財產，員工要珍惜」今天我實際感受到了。今天的「風の盆」總共有五十～六十名客人，分成

松茸是秋天的旬物，料理長在現場烤松茸。

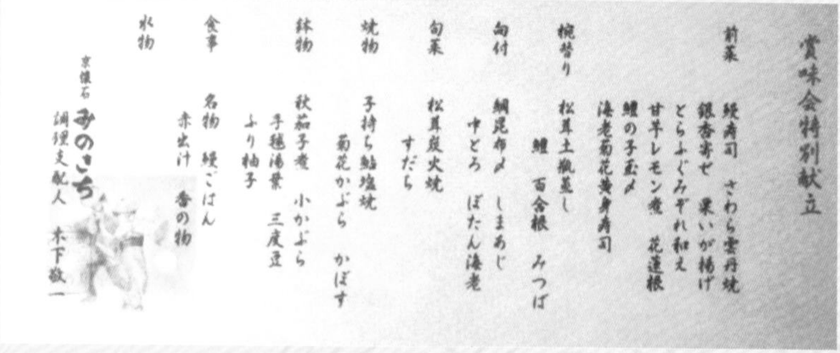

賞味会特別献立

前菜　鯖寿司　さわら雲丹焼
銀杏寄せ　栗いが揚げ
とらふぐみぞれ和え
甘芋レモン煮　花蓮根
鱈の子昆〆
海老菊花黄身寿司

椀替り　松茸土瓶蒸し
鱧　百合根　みつば

向付　鯛昆布〆　しまあじ
中とろ　ぼたん海老

旬菜　松茸炭火焼
すだち

焼物　子持ち鮎塩焼
菊花かぶら　かぼす

鉢物　秋茄子煮　小かぶら
手毬湯葉　三度豆
ふり柚子

食事　名物　鯛ごはん
赤出汁　香の物

水物

京懐石 みのきち
調理支配人　木下敬一

兩個會場，除了參加「風の盆」之外也有一般的客人，有為慶生、有為結婚紀念日等等。全體員工要佈置風の盆的餐桌會場又要擺飾每個房間不同的字軸、插花；每個房間的每一道菜的上菜時間也要精準把握……是一年內最忙的一天。明美不分主僕關係也投入最基層的工作。雖然全體員工一絲不苟、刻不容緩忙得團團轉，但是大家像似很愉快又積極，自己分內的事做完馬上自動去幫別人。料亭是做客製服務，所以當員工發自內心愉快的工作，喜歡這個工作，並把職場當成一個家，這個正向的波長也會使客人共頻共振感到愉快（量子力學共振的效果）。

明美說最高齡的侍女是七十五歲，在此工作四十餘年了，不少常客甚至是因為有這位熟練又善解人意的侍女而來的。顧客對員工的信賴是店家重要的財產。

在料亭內也享受文化風雅。

「珍不珍惜人」也是決定個人以及社會進不進步的原因。一個實例：

這是前幾天在電視看到的。一位著名的壽司店老闆，他是第二代。二十年前他父親急逝，他突然要繼承這個老店，他很努力得修行壽司技術所以生意影響不大。但是一位老顧客是在他父親的時代就常來，吃了他握的壽司三貫，不說一句話起身就走。這是一個很明顯的沉默的否定。在台灣有「奧客」一詞，對抱怨的客人，店家不但不想改進，心裡會罵：「不高興就別來，不少你一位。」中國也大都是同個現象。而這位壽司老闆開始反省，到底是哪裡做得不及他父親？他又再研究改進。過了一段時間那老客又出現，這次也只吃了四貫就走人（一般吃十貫才會飽）。他知道這表示他的水準還是不及父親。他又繼續鑽研，過了一年那位老客出現，這次是從頭吃到尾了。他很感嘆，若當初沒有那位客人的挑剔，他沒有今天名人的地位。

珍惜對方才會反思自己。珍惜人也就是自己進步的原動力。

Part 2 上料亭的禮儀舉止——觀光客也需知的日本常識

每個人一定至少有兩種服裝：輕鬆隨便的居家服，另一種是正裝。睡覺時穿正裝或是正式場合穿居家服都不對，要因地制宜。這是比喻人的舉止。在正式場合、商務招待、社經聚會，你只拿得出路邊攤的舉止嗎？路邊攤的吃相、舉止不能應付全天下的場合，也必需擁有正式版本的禮儀知識。人至少要有「兩把刷子」因地制宜。這是不分國界人人必備的社會教養。

觀光客變了！

高級餐廳並不是只「賣料理」，也是「賣氣氛」。談到「氣氛」，陳姐姐必須多強調這個感性、價值觀。人的進化過程都是先滿足形下物質，也就是先吃飽、吃好，才會進階、重視形上，也就是禮儀、品味和氣氛的價值。

有一次我在台北新開的一家大飯店的咖啡廳，這裡的消費比其他高級飯店要貴上一成，不過確實裝潢美麗，氣氛幽雅，我覺得值得。而之後三位貴婦一進廳就拉開大嗓門講話，這裡立刻變成菜市場！他們不是故意破壞氣氛而是不知道有「享受氣氛」的這個感性。雖然他們全身上下是名牌，但是本身沒有開發更上一層的價值觀。只要自己開發了這個感性，自然就不會去破壞別人在享受氣氛的感受。沒有人刻意想當「公害」。

吃飯不只為了吃飽、吃好，還有「超越吃」的更多元的享受。

雖然料亭不是人人日常去的，但是從這篇特集可以了解「形上氣氛」的價值，和日本人重視的禮儀常識。

了解了「氣氛」的價值，自然會反顧自己，是高雅的舉止在貢獻氣氛？還是粗野的舉止在破壞？我們要當哪一個？

明美從小就一路看著父親經營料亭，她說真能夠感到時代的變遷，現在上料亭的客人有一成以上是外國觀光客了。

料亭並不是高不可攀，午餐約五千日元起，晚餐約一萬多日元起；較高檔的旅遊團也有包含上料亭，並可以請藝妓來表演。

更感到時代變遷的是我。第一次我採訪明美是在本書的二〇一〇年版，書內「陳姐姐的叮嚀」中提醒上料亭需要注意什麼以免造成困擾。然而過了十多年，這些都不必再說了。明美表示中國、台灣、香港等觀光客變了很多。

第一，比方我在舊版的書內有叮嚀要遵守預約的時間和人數，因為店家很困擾的是預約三個人而臨時來了五個人。因為日本料理不像中菜臨時多一個人就多一雙筷子、多炒個菜就好了。日本烹調法需花很多時間和工夫在shikomi（仕込み，食材的前置準備工作）比方提煉高湯、浸泡食材等，甚至要前一天就著手準備。所以料理只作預約的人數份。

守時也是為了你好，因為日本料理在時間上的拿捏是決定美味的關鍵。廚師是以每位客人抵達的時間為準來倒算烹煮的時機。算準每一道菜餚進入客人口中的那瞬間是最佳狀況。遲到的話廚師的苦心就泡湯了（如下圖，每一盤都寫著哪個房間的上菜時間）。

這一點，明美說觀光客都非常準時，很少再發生問題了。

另一個大變化是，不再拚命灌酒了。

明美十多年前告訴我，中國客人似乎多是以喝酒為主，不太進食。而在料亭的上菜和西餐一樣是吃完一道才上下一道，客人光喝酒不吃飯會影響廚房的運作。而且每道菜是以入口最佳的狀況上桌的，放久了就失去價值了。不過明美說她不知為何現在大家都不再灌酒了。

也不再吃大鹹大辣了。

京都料理的特色是淡口味（薄味）。明美說中國、台灣觀光客不再像過去，什麼料理都要加上大量的山葵、或把醬油潑在精心熬製的料理上，甚至問有沒有辣椒；現在大家口味多元化，可以接受純日本味了。

但仍有幾點店家希望能夠配合，這也是代表日本餐飲業界普遍的心聲：

❶對料亭而言最擔心的還是預約而不來。因為料理需要長時間的準備，並

且料亭是一個房間訂下來，店家會有實質上的損失。她說過去在國外可以網上訂位，但是約一半的人不出現，所以不得已，現在只能透過下榻的飯店或是旅行社的介紹，或是信用卡付預約金。

❷又要提服裝的問題了。

出國觀光一定要帶件整齊的衣服。特別是如果預定要上高級餐廳。自己的外觀穿著並非自己舒服就好，也是對場所、對在場的人的一種尊重。一般會刻意花錢上料亭就是為了享受氣氛，而看到有人邋遢的穿著，甚至有人穿短褲、赤腳涼鞋的來，令人不舒服就是個公害。在中國、台灣國內沒有服裝規定（dress code）的習慣，但要捨去「老子有錢，穿邋遢不怕人笑」這種沒文明的觀念。

店家對自己也有所要求，經常檢討自己的服務是否得當。一個例子，明美表示雖然從來沒有客人提出過抱怨，但是他們仍自己作了改善：會席料理基本上是為下酒而有的，和中菜不同，是全套的菜餚吃完後，最後才上白飯、醬菜和味噌湯。這對不習慣吃白飯配醬菜的中國客人很難下嚥，大多人都不碰。她常看到這個光景覺得過意不去就不再墨守成規，對中國、台灣客人不再只上白飯，而上濃郁的鰻魚飯或親子丼，才見觀光客津津有味得吃。店家不等客訴，會不時得自動自我檢討改進。

觀光客也需知的日本禮儀常識

不要說反正一輩子不會上料亭所以不必知道這些知識。有志氣一點！哪天你有了社會成就必會有機會受邀，或是自己的財力去，赴日旅遊也可以見識。

若有人邀請你上料亭一定是相當重視與你的會晤，因此要有對稱的舉止風度。

料亭內的規矩雖多但是不要嫌麻煩，因為這些規矩知識也是通用於旅遊任何日式的場合，如茶室、日式旅館。

首先，不必有壓力，因為在日本是只有高等文化素養或有茶道造詣的人才熟練，一般日本人對日本規矩也不一定有信心但是知道這是需要懂的。因此日本的許多時尚雜誌經常有學習日本基本規矩的特集，可見這是成人必備的教養。

一般日本人上料亭是憂喜半參。喜是可以品嚐到極致的料理；憂則是，在那傳統厚重氣氛的空間裡，侍女們一絲不苟的服務態度就已經令人緊張；再加上平常不用功，在眾目睽睽之下，鞋子在門口怎麼脫？要不要自己放在鞋櫃？每一道料理怎麼吃、餐具的用法對不對？有沒有哪裡犯錯被人笑……？

在日本，上料亭就如同上普通餐廳般輕輕鬆鬆的人有兩種：一是熟知規矩禮儀的人，另一種是無知，所以無畏。

日本社會非常尊敬有文化水準的個人，所以如果你在料亭的規矩舉止做的甚至比日本人好，這對你的公務或是私交一定是加分。

在日式的榻榻米房間內我們就照日式禮儀，拓展我們的感性。禮必有理，也探討它背後的理由都是會讓你服氣的。

第一個門檻就在門檻上（觀光客做不好沒關係，但盡可能）

茶道是日本的哲學和美學的縮影，目的並不光是喝茶，它綜合了一切的周邊文化。和食文化也是一樣，並不只限於在餐桌上。

上料亭吃飯的第一門檻就在門檻上：鞋子怎麼脫？

在我們東亞有室內要脫鞋的文化。在日本從一個人的脫鞋可看出父母家教，是個重要的禮儀。這是在日本正確的作法：

首先要區分，是拜訪私宅還是去有人服務的餐廳或旅館。

拜訪私宅時的脫法是：身體朝室內脫下鞋子，上台階，之後轉身將雙鞋併攏，鞋尖朝外以方便回去時穿。不少日本人會做錯的是脫鞋時背向室內，這樣的話屁股朝向主人是不禮貌（外國人不必太在意，能做到更好）。

而若是去日式高級餐廳或是旅館就有專人服務鞋子。只要正面朝向室內脫鞋後就上台階，什麼都不必做。但是有一點絕對要做到並且也要教孩子：脫下的鞋子要併攏，亂脫鞋是最沒家教。

所以若知道今天是去榻榻米房，就穿方便脫的鞋子，不要穿長靴或要麻煩繫鞋帶的。

在眾目睽睽之下要脫鞋、穿鞋，所以鞋子、襪子是你的「第二張臉」。打扮得再美，髒鞋或襪子有洞就是個大污點。

在門檻的動線就做得熟練順暢可窺伺出一個人的社會造詣。

榻榻米房間內有上、下座哦！（觀光客也需知！）

在料亭宴客一定是有貴賓出席，分辨上、下座是重要的社交禮節。

榻榻米房裡的上、下座是依「神竈」的位置而定，日語「床の間」是房間裡最重要的位置。上座是最靠近神竈的位置。下座是離神竈最遠、最近門口。（下圖例❶～例❹）如果自己先到大家還沒到就坐在末席等待。

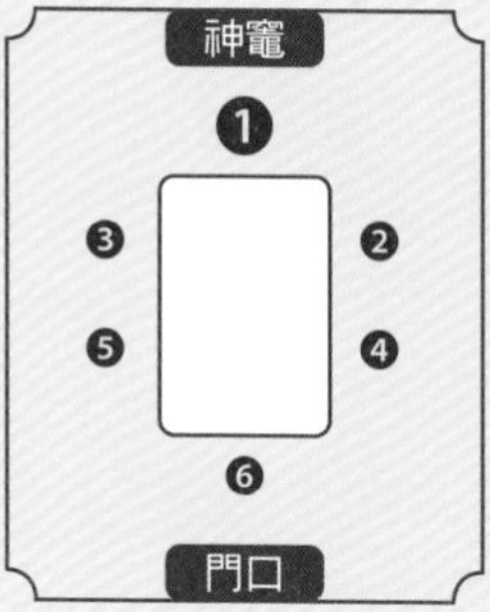

例❶

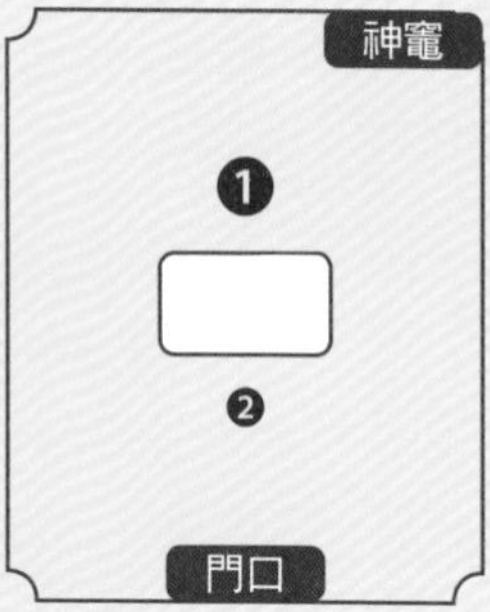

例❷

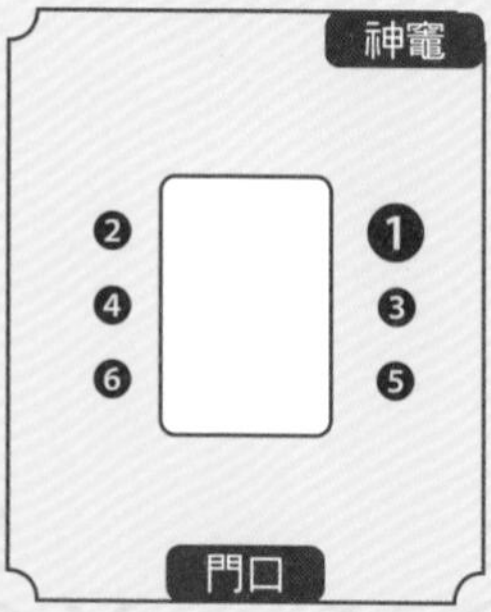

例❹

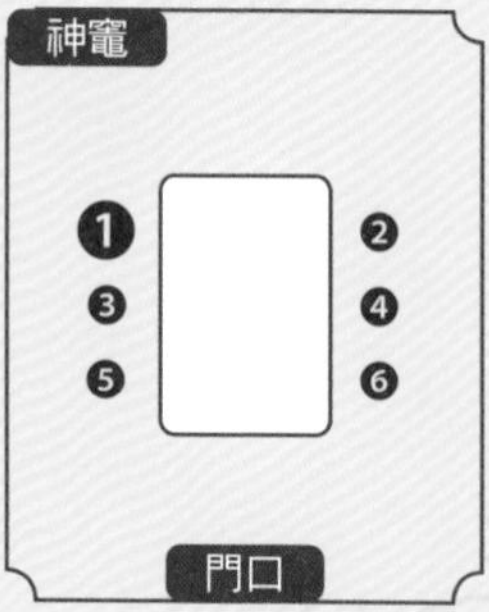

例❸

榻榻米房內的對、錯以及理由（觀光客也需知！）

先欣賞室內的插花、字畫

上料亭大都是有隆重的事由，房內的氣氛開始必是緊張僵硬，這時你的文化教養就派上用場了。前文提到，茶道包括周邊的文化，其中是神龕上的字畫和插花。當你進入榻榻米房間，大家噓寒問暖後不知道要說什麼，這時就可以房內的擺設為風雅的話題和初次見面的人拉近距離，順利度過「破冰期」（ice break）。女主人會進房間來打招呼，那時也請教她或稱讚房內的擺設使氣氛圓和融洽。社交不是只靠表面虛假，而是靠你平時孕育出的內涵教養。

榻榻米房內的規矩

1. 神龕

在榻榻米房內最重要的規矩是在「神龕」。這裡有插花和字軸所以觀光客喜歡在這裡拍照，小孩子喜歡玩弄字軸，這會讓店家冒冷汗。「神龕」是源自寺廟佛壇的位置，有神聖之意，絕不踩踏、坐或放東西。字畫、花瓶等陳列藝術品絕對不要觸摸，保持距離欣賞。

2. 衣著、香水

若是知道今晚是在榻榻米房，女士請注意以下幾點：

❶避免窄裙、短裙

在榻榻米上要站起、坐下必須相當彎曲膝腳，所以裙子過短會曝光哦！過緊會繃得不舒服。最好是可以遮膝的長度就站、坐自如，雙腳要斜擺也方便。

❷男女都要穿襪子或絲襪

在正式場合光著腳丫很粗野。並且榻榻米會吸腳底的汗，所以在衛生上也一定要穿襪子。

❸不要擦濃香水

日本料理的特色在於纖細的原味，所以入流的名媛是不擦香水去日本料理店。香水會干擾他

人的嗅覺、味覺。特別是在榻榻米的密室內香水會顯得特別濃。

❹腳不踩坐墊

❺皮包不放在桌子上

和西餐禮儀一樣，桌面必須保持潔淨。大包包寄放在衣帽處，小皮包就放在腳邊，或桌子底下。

❻不要刮傷貴重的餐具

日本餐具特別是高級餐廳的餐具近乎是藝術品，有纖細的木漆（ulushi）或是貼金箔的金蒔繪（kinmakie）。男女都要注意的是手上的配飾如戒指、手錶、手環，以及長指甲不要刮到貴重的餐具。（茶道是一切配飾，甚至連長指甲、指甲油都不允許）。喝完抹茶後可以鑑賞抹茶碗，這時若看到有日本人將手錶、手鐲、戒指脫下，雙手捧著茶碗鑑賞，那就是真正有文化涵養的名媛、紳士。

❼多欣賞餐桌上一切的藝術

高級餐廳的廚師的一流手藝並不光是味道好，在刀工、擺盤、擺飾以及器皿的搭配等都是精心匠藝。所以不要只會說「好吃」，開發多元感性多欣賞這些周邊的藝術，才是對今天邀請你的主人最大的謝意。

特集

壽司大師：「我會想偏心這種客人。」

Chapter 4.

江戶四大料理：壽司、天婦羅、鰻魚、蕎麥，講究的是「粋」

當個有「粋」的客人

我們最常接觸的日本菜——

壽司、天婦羅、鰻魚飯、蕎麥麵稱為江戶四大料理，

是自江戶時代的路邊攤興起的，所以不拘小節。

但食亦有道，它講究的是「粋」的吃法。

1.

當個有「粋」的客人——懂「粋」就懂日本的感性之髓

在日本無論男、女若被讚美「粋iki」，大概是最高興的。

了解「粋」就了解日本人感性之髓。

但是「粋」大概是最難翻譯成中文的日文。

首先，因為即使日本人也很難解釋清楚「粋」。這樣說好了，「粋」的相反語是「野暮」是土、俗氣，不上道的意思。而日本有句話：「沒有比解釋『粋』更『野暮』的事。」意思是「粋」是不可理論化、言語化。以量子力學解釋就是「觀測會導致量子坍縮」，這個感性要靠自己體感意會。而陳姐姐在此必須擔當這個「野暮」的角色說明「粋」，作為文化的橋樑。

很難翻成中文的另一個原因是，沒有一個中文詞彙和它同義或相近。

中文的「粋」是菁華之意，日文「粋」也有包括此意，但是是指什麼樣的菁華？日文有更深入的意涵。

日文「粋」較接近英文的sophistication、refined，指洗鍊、高端、品味好；但是日文最大的不同在於：不光是自己高端、洗鍊，也包括在和人的互動上，在乎他人的感受、善解人意、有義氣和有人情味溫暖的一顆心……

江戶四大料理——壽司、天婦羅、鰻魚飯、蕎麥講究「粋」

東京在德川幕府時代稱為「江戶」。江戶人的特質是性子急、直腸子、熱心雞婆、有人情味。「粋」是江戶時代興起的一種精神的美感，至今仍是日本人嚮往的一個美感意識。

江戶時代是日本經過長年的戰亂後終於天下太平、經濟開始起飛的時期。百姓的生活水準提高，開始講究食、衣和藝術文化。

在食的文化方面，現在世界一般人最普遍接觸的日本菜：壽司、鰻魚飯、天婦羅和蕎麥麵都是在江戶時代興起，流傳至今數百年的庶民百姓美食，稱為「江戶四大料理」。

相較於前章的會席料理是起源於宮廷的「本膳料理」簡化後流傳到民間，

至今仍是正式的饗宴，每道菜有正式的禮儀；江戶四大料理則是起源於路邊攤，當時是為供應武士裏腹的速食。

武士是文武雙全也是維護社會秩序的警察，什麼都得管，忙得很，沒時間慢慢吃飯。壽司就是為了趕時間就乾脆把魚和飯加在一起，快又好吃、效率極佳的速食。這些快做、快吃、快走的速食很適合江戶人的急性子，於是開始普及。

據說壽司剛開始體積是相當於拳頭大，之後因為女人、小孩也開始吃，才逐漸縮小變成今天的大小。

不像前章的會席料理，這些從路邊攤速食起源的百姓美食就是要輕鬆吃，不拘泥禮儀。但是「食亦有道」，江戶料理講究的是「流儀」，即有「粋」的吃法。

食文化的「粋iki」

食文化的「粋」是：一、懂得究極美味的品味法，也就是了解料理的價值和職人的功夫所在。二、不會只顧吃，心有餘裕顧及在場其他客人的觀感、感受。所以你說「粋」是不是我們也該學習的感性？

江戶四大料理的一個特色是稱廚師（板前、料理人）為職人，比方「壽司職人」、「蕎麥職人」。因為他的專業不只是烹調，而是從源頭食材的製作開始就是功夫了。比方，蕎麥從磨粉技術開始就是一門功夫；接下來和麵、切麵、煮麵、醬汁調味到擺排呈現。

職人是有哲學、美學和堅持的理論。貫徹始終才能夠讓自己的專門料理登峰造極，驕傲的把「作品」端到客人面前。

各料理的背後是什麼樣的堅持？我們了解後，自然就會聯想如何品味才不辜負食材的價值和職人的心血？這就是究極品味的基石。不少壽司、蕎麥麵的師傅說：「看到客人吃得『準』、吃得到位，這就是我最大的回報了。」

另一點，有「粋」的人是再懂得吃也不會只顧吃，會心存餘裕，在意自己的舉止、吃態有沒有讓周圍的客人不舒服。

「粋」是「品」和「品味」兼具。也就是究極的品味。

要了解一個國家不是只看它最光鮮亮麗、頂尖的菁英層，而是要看最底部最基層國民的質。如果一個國家的庶民百姓光是做個麵條、握個壽司都講求理論、求精求進步，那何況是最頂尖的菁英呢？

連年獲米其林三星，歐巴馬總統、Lady Gaga也光臨的日本壽司店老闆小野次郎，他並不退居後台只管經營，他天天站在現場埋頭接地氣的握壽司。他說：「我們必須愛上自己的工作。我今年七十七歲，但是仍然天天在追求進步，昨天做不好的，今天要做得更好。」這就是日本的「職人魂」。

食亦有道，懂「粋」就上道。我們來看看每一道料理的職人功夫所在方能吃出它的價值。也透過食的文化探討日本的職人精神。

2. 天婦羅——吃法不「粋」就不脆了

天婦羅是最具代表性的日本菜之一，但它其實是來自葡萄牙，天婦羅是葡萄牙語。十六世紀大航海期隨著傳教士傳入日本，當時日本統稱這些外來料理為「南蠻料理」，這也是天婦羅不會出現在傳統的本膳料理和茶道懷石料理的緣故。

天婦羅的語源是葡萄語「tempela」溫度的意思，也就是要把握油的溫度快炸的料理。日語發音成tempula音譯成漢字「天婦羅」，台灣又將魚漿的炸物用日文發音成「甜不辣」。語言的接力傳遞很有趣。

天婦羅是在江戶時代興起的百姓美食，江戶四大料理之一。東京灣有種類豐富的海鮮，江戶時代的武士們就站在路邊攤擔子旁吃著現炸的天婦羅。

在東京日本橋的一家名店四代前就是個路邊攤，因為功夫愈來愈精湛而開始經營店面。所以天婦羅是已堆疊上百年的智慧和技術的料理，吃法

上自然形成一個「道」。它沒有什麼特別的禮儀，但是有「粋」的吃法。

壽司有從平價的迴轉壽司到米其林三星的高級店，天婦羅也一樣有從一客五百日元的天丼速食到一人兩萬日元的專門店（而且預約要等上兩個月）。

這家位於東京京橋的天婦羅店店長要求不寫出店名，他並不希望揚名海外，這是日本的老舗的特色：生意興隆固然重要，但是能夠持續到今天是靠老顧客的支持，所以若是來了一群只求名的顧客塞滿了店會影響氣氛，趕走了「講究粋」的老顧客。

那，天婦羅如何吃才是懂「粋」？

「粋」是先從擁有知識開始的。

首先我們來看看一客兩萬日元的職人的堅持。職人的堅持就是這個料理的價值所在：

從天婦羅粉加水的溫度就是他的祕訣了；接下來用的油，如果是複種混合的，比如棉花油或是麻油（東京是常用麻油，比較不膩）混合的比例也是祕訣；油的溫度也因種類都不同；每種海鮮和蔬菜下油鍋時手的力道也都不同，有的要輕輕放入油鍋，有的要使力「甩」入油鍋，如此外裏的麵粉才會炸成含有空氣的立體狀稱為「花」；每一個食材炸的溫度和時間都要拿捏準確，這家店主堅持炸蝦要一百八十度C的油，外層酥脆而蝦肉的中心部必須是半熟半生的四十五度C。四十五度C的理由是，這是味蕾最能夠感到甘甜的溫度。

怎麼吃才夠「粋」？

1. 把握時間

怎麼吃天婦羅才夠「粋」呢？很簡單，一炸好，話少說馬上吃！

會有女士以為一炸好放面前就馬上下筷不太「淑女」？或是男士們只管喝酒不下筷，職人當然不能催促：「客人啊，剛炸好是最好吃的，快點吃吧！」坐在天婦羅吧台和壽司吧台的目的一樣，就是為了把握最好吃的時間點。

2. 吃的順序

一位在日本擁有許多粉絲的韓國美女明星上了一個日本電視節目，仰慕她的五、六位日本大明星也在場熱情的圍著她。她最喜歡的日本菜是天婦羅，於是節目中就安排上了一盤綜合天婦羅請她吃。一反她文雅的外表，她從沙發起身就蹲在矮桌子旁邊，並且第一個往炸蕃薯下筷……，一連的舉動使原本圍繞著她的熱烈氣氛突然變得鴉雀無聲。在一片沉寂中主持人趕緊打圓場：「喔！喔！喔！妳第一個是吃蕃薯喔……」這是失態嗎？有那麼嚴重嗎？

日本藝人是無論是什麼樣的家庭背景，達到了某個知名度後一定會開始進修提高自己的文化水準。所以像主持人明石家以及在場的日本大明星們對食的文化方面也修養到了一定的水準，所以看到眼前女韓星的舉止會有點錯愕。

雖然外國人是情有可原，但是如前所述，無論哪一國的菜，品味都是有理由，並且是人類共通的科學法則。

「愈是吃原味的料理愈要注重吃的順序」這個原理同樣在於天婦羅。

在吧台上的話不必思考，廚師會照順序炸、放你面前；而若是在餐桌上的一盤綜合天婦羅，就要思考順序了。

一盤盛著各種海鮮和蔬菜的天婦羅，日本式擺排是立體的：有立豎著、有斜躺著，並且有遠近法，從前方低往後方高排，這叫作「向山」（mukoyama），就像在眺望遠山。這不光是為了美觀，如前章吃前菜的順序，這也是廚師要客人依此順序吃的排法↓從前方的淡味往後方的濃味。

讀者下次若是在日本正宗的天婦羅店可以觀察一下，魚、蝦一定是擺在你的最前面，也是開胃用；較腥、味道濃的星鰻一定在後面，最後面才是蔬菜類。

為什麼韓國女星的吃法品味不好？是有客觀理由：蕃薯是高糖分的澱粉會使血糖立刻上升，人就會有飽足感，使食慾低下，這樣的食材是最後吃吧！

並且如前所述，維持盤相美觀是重要的禮儀，先從前方往後挾就不會使整體「向山」的擺排潰散。

吃天婦羅要注重順序有兩個意義，除了味道的濃、淡之外，還有一個很「粋」的知識是——魚、蝦的內部要持有很多水分才會水嫩Q彈，所以炸好後放一陣子，內部的水分會外滲就失去了酥脆感，所以要最先吃。

而炸好後要再等一陣子會更好吃的食材：鮑魚炸好後讓餘溫更透入一陣子會更柔軟；蓮藕、南瓜、蕃薯等菜根類讓餘溫透入會更甜，所以要最後吃。

3. 沾法——品味的關鍵

買下了美食而品味不好、吃法錯誤就失去了價值。

天婦羅的另一個重點在沾法。

天婦羅的佐料有鹽和醬汁。會建議先用鹽吃，品嚐食材的原味和百分百的酥脆感。鹽的用法是不用沾的，用手指捏一點灑在炸物上才能均勻分布（如圖❶）。

用手指捏一點鹽灑在炸物上才能均勻。

接下來換成醬汁口味。醬汁「粋」的用法是，不一開頭就放入配備的蘿蔔泥，先只沾醬汁、之後再加入，就又可以享受不同的口味。

最「不粋」的作法是將整個炸物，浸泡在醬汁裡，酥脆感就「泡湯」了。只沾天婦羅的約三分之一。再來複習一下，醬汁的小碗是要拿起來還是放著用？是的，一定要拿起來用以防滴（圖❷）。

醬汁的小碗一定要拿起來以防滴落。

4.高雅美觀的吃法

雖然這是日本的禮儀，但是美麗無國界，陳姐姐吃中餐也會這麼做↓大塊的食物不咬一口再放回去，盡量用筷子分成一口大吃（圖❸）。如此女士就不必擔心沾汙嘴邊。大塊的油炸物硬塞的話口紅會暈開讓嘴巴變成三倍大哦。但是硬體食物如章魚就可以分次咬食（有的廚師會下「隱刀」方便你用筷子切分）。

蝦尾巴可以吃哦。據說有消毒作用！

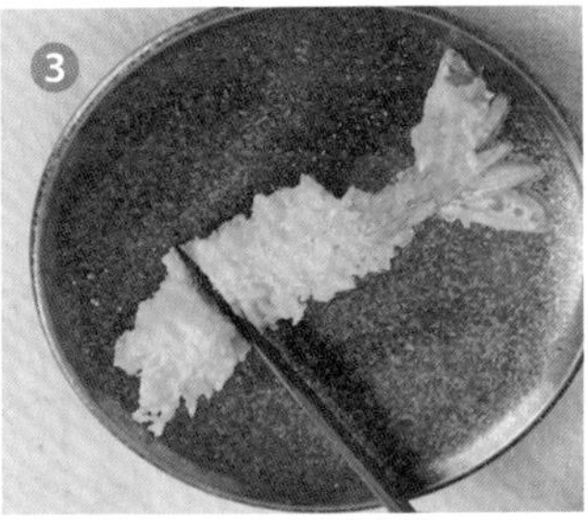

大塊食物用筷子分成一口大。

5.在吧台上自由點的點法

在吧台上和壽司一樣可以一個一個自由單點，也可以點套餐（course）。不少天婦羅專門店沒有菜單，全由廚師決定的おまかせ（omakase）。天婦羅和壽司一樣講究當令「旬」的食材。在東京夏天的旬是鱚（鼠頭魚），Omakase 一定會加入旬物。若是自由點，拿一個最典型的 omakase 的順序為參考：

蝦↓白肉魚（如鱚）↓當旬的蔬菜↓當旬的魚↓蔬菜（爽口一下）↓整年都有的魚（海鮮）↓整年都有的蔬菜↓重味、重腥的魚（如星鰻）↓炸什錦↓飯類。

讀者可以看出它就是照著味覺的層次感的法則。

若是有特別喜歡吃的食材可以請廚師重複再作，但是不要多於兩次，珍貴的旬物一個人占光就是不「粋」了。

6.吧台是公共區域，舉止小心

天婦羅專門店大都是吧台形式吃現炸。吧台是個很狹窄的公共區域，手一擺、腳一伸、椅子一拉、大聲說話，自己的舉動一不小心很容易騷擾到旁人。再好吃的美食而旁邊坐個討厭鬼，氣氛和食慾都被掃光。這就是一些著名的老店寧可只有老顧客來，也不希望被不「粋」的新客人破壞了氣氛。

3.

鰻魚飯——從石器時代吃到科技時代的美食

日本的考古學家曾經發掘出土過鰻魚的廚餘化石，考證出新石器時代老祖先就吃鰻魚了。

另一個鰻魚的跨時代之舉是，牠一直都昂貴。鰻魚是江戶時代興起的大眾美食，但價格並不大眾化，是江戶四大料理中最貴的，主要是因為牠是營養豐富又美味的滋補品。比如當時藩主殿王的貓咪生病，是每天吃鰻魚當藥治病。然而今天我們一般人還比不上殿王的貓咪可以天天吃。雖然日本大量進口中國、台灣的鰻魚，但是因天然鰻苗的減少，價格仍居高不下。在日本吃的鰻魚若在價位三千日元以下大都是進口貨，日本的天然鰻魚約五千日元以上，和牛排不相上下。

日本人會鬆綁荷包是在夏天的「土用丑日」。日本人不像台灣人很愛「補」，唯一「補」的時機不是補冬寒，而是只補夏暑。為了熬過酷暑，在立夏左右的「土用丑日」人人有吃鰻魚的定例。這

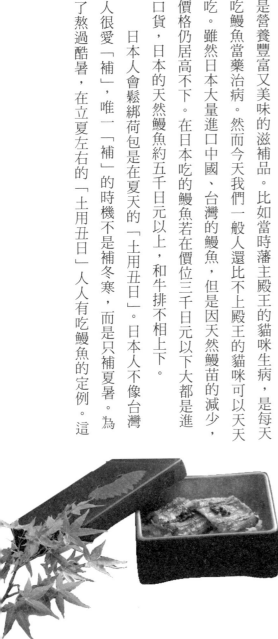

個傳統的習慣也符合科學，現在營養學證明鰻魚含豐富的維他命Ａ、Ｂ和礦物質，是因流汗失去體力最好的補品。

讀者旅遊日本關東和關西時有沒有發現兩地鰻魚的口味不同？是的，兩地鰻魚的體型不同、烹調法不同，連切法也不同。

關東的鰻魚是先蒸過一次再火烤，所以關東是選用肥厚型的鰻，才不致於經過兩道過程後魚油全流失。關西的鰻魚是直接在火上烤，因此用的鰻是較少油的苗條型。

並且連切法也不同。江戶時代的東京是以武士文化為軸，因此切鰻魚從腹部下刀會如同武士道的「切腹」般，不吉利，所以是從背部切。關西是以商為主的文化所以就不在乎這一點，鰻魚從腹部切。這習慣仍延續著。

有品味的吃法

鰻魚最普遍的做法是「蒲燒」——塗上甘味醬油在碳火上烤。吃鰻魚別再加任何調味料。等吃一陣子有需要才灑些山椒粉，它幫助消化鰻魚的油脂。

另一種烹調法是「白燒」。這不太普遍，因為必須是非常優質的鰻魚才經得起吃牠的原味，而原味很腥，所以需要有功夫處理得好。吃法是先用配備的抹茶鹽吃一些，再嘗試山葵和醬油。

日本「粋」的吃法是：吃鰻魚之前先喝一口附上的「肝湯」。雖說「肝」，但是日文和中文的意思不同，是魚的內臟統稱。

一個在台灣常見，又是以吃中菜的習慣吃日本菜的是：一邊吃鰻又一邊吃生魚片、天婦羅、炸雞……，日本人不這麼做是因為日本的感性是：「多、雜」就減損「純、真」。要徹底享受一個美味就只全神專注於它，不吃別的主菜。吃鰻最多只配一盤烤鰻肝。

鰻魚飯大多是放在重盒。重盒是像長方形的便當盒可以重疊多層。它有正規的用法：

首先，要不要拿起來用？

如果是有四腳的重盒很難拿吧？是啊，所以這就是要放著用的。沒有腳的重盒則要拿、放隨意。

放著用的時候，記得左手一定要扶著盒邊（圖❷），左手不垂下來。吃大碗的丼飯也一樣這麼做，是基本的進餐禮儀。從小要教。

蓋子用雙手打開，放在重盒的後面。就不會阻礙兩手。蓋子朝上水珠才不至於弄濕桌面（圖❶）。

吃重盒，如鰻魚重、親子重、天重，有一個重要的規矩是不東戳一口，西戳一口。一律從重盒的左下角開始吃逐漸往右（圖❷）。禮必有理，讀者有沒有注意到這和西餐禮儀切牛排要從左下角開始切一樣呢？

是的，這也是人體工學，以左下角為定位就方便右手操作。

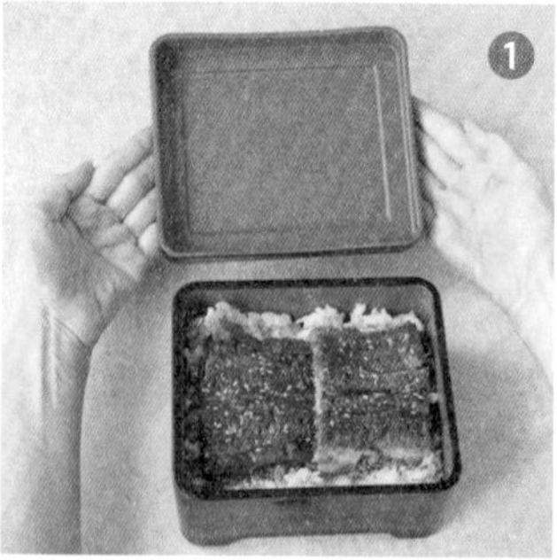

蓋子朝上，水珠才不會滴下。

如同牛排從左下角開始食用，左手扶著盒邊。

並且吃到最後，將散亂的飯粒全都聚到左下角，就方便挾取。

在談「粋」之前更重要的是基本的家教：日本自古以來是對米飯有獨特的敬意的文化。飯要盡可能吃乾淨，但是也不必潔癖到一粒不剩，挾不起來的飯粒不四處亂散，要全部聚在一起（圖③）。最後蓋回蓋子。

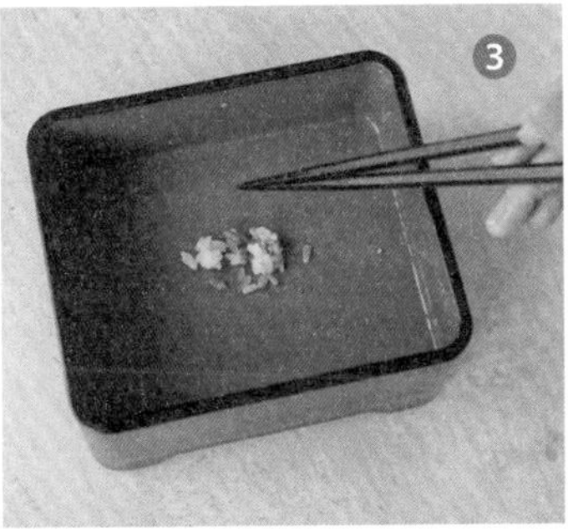

最後要把散亂的飯粒全部聚在一起。

4.

蕎麥——吸麵該不該出聲的科學理由（但不應是那樣的聲音……）

比起一看就激發食慾的濃稠豚骨湯配上厚嫩大肥肉的拉麵，蕎麥則是單調無比的清湯掛麵。但是幾乎沒有日本人不愛蕎麥，這令味覺只認識大魚大肉和重口味的外國人很難理解，它不就是「麵沾汁」而已嗎？是有什麼奧義？那就自己嚐嚐看吧……，可是又看到滿街各式各樣蕎麥的招牌：八割、十割、更料、藪，是什麼意思？怎麼分辨？怎麼選？

蕎麥不像其他日本料理得以廣擴普及世界的原因，除了味蕾對高湯的旨味有感的人在世界上不普遍（原因在242頁專欄詳述）之外，另一個原因是製麵是極需功夫。就像日本人會做各種中菜但是就是做不來小籠包、牛肉餡餅等這些功夫菜。

不過看完這篇後，讀者會開發出一個新的感

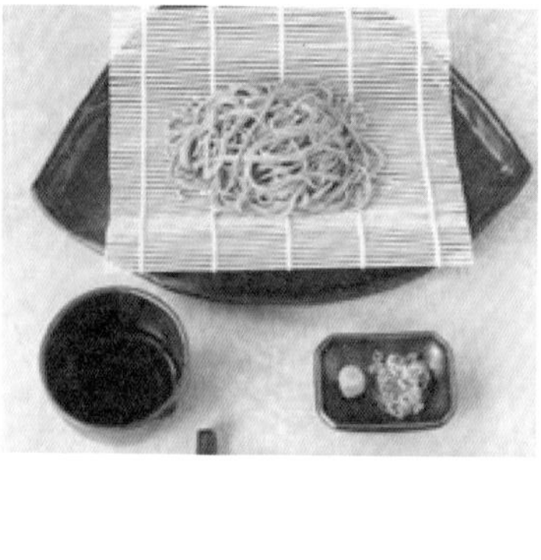

官，會想嘗試了。

蕎麥是在江戶時代興起的江戶四大料理之一。其實早在六百年前室町時代就開始食用了，當時是因為米糧收成不足，為了補給營養的食品。真是厲害！近年營養學證明了它確實很營養：一百公克的蕎麥含蛋白質的量相當於一百公克的牛肉，是穀類中第一名；它豐富的礦物質、纖維素相當於玄米（糙米），並且主要成分rutin（芸香苷）是強化微血管、降血壓，防止動脈硬化的聖品。

不少日本人都有自己鍾愛的私房蕎麥店。但是大概沒有人是為了健康的理由而喜歡吃蕎麥，純粹是為了它的香味和「喉感」。

蕎麥不同於其他一切的麵是，它也有「旬」。從秋天到冬初是蕎麥剛收成，最具新鮮的香味稱「新蕎麥」，讀者旅日時不要錯過。

這個吃了數百年的食的文化自然衍生出它的流儀，和講究「粋」的吃法。和先前的道理一樣，若了解蕎麥職人背後的致力點所在，自然會聯想：那必有

*日文的「蕎麦」本身已包含「麵」的意思。

吃到它的價值的正確吃法。

沒錯，蕎麥就只是「麵沾汁」而已，而麵和汁是職人千錘百鍊的結晶和驕傲。即使近年來蕎麥大量從中國進口，但是這功夫不會被取代，因為它需要的是日本的職人精神。

比起一般其他的麵，蕎麥的製造需要獨特的功夫，主要是因為蕎麥的特性是沒有黏性，所以要凝和成麵糰是高難度。

製作麵糰有兩種方法：「八割」的意思是八成的蕎麥，加進二成的麵粉以增加黏性。這是最普遍的。

另一種，「十割」是百分之百的蕎麥，這是靠力氣！要將無黏性的粉凝成麵糰首先需要上好的蕎麥，像北海道、信州產的。再加上職人擀麵的力氣和功夫，所以日文稱「做」麵為「打」，也因此「手打」的蕎麥職人大都是男性。但也不少店從研磨到和製麵糰都使用機器。

蕎麥店的招牌上會註明是什麼樣的蕎麥：

「更科蕎麥」（salashina）是去掉蕎麥的外殼、只留胚乳，研磨出白色的粉製成的麵。

「藪蕎麥」（yabu）是帶殼研磨成粉，帶淺綠色、蕎麥香味濃，適合濃味醬汁。

蕎麥另一個不同於一般麵的獨特點是它不經過發酵過程，這就是蕎麥的價值和受珍愛的原因：因而留存蕎麥天然的原香味以及那令日本人的喉嚨上癮的「銳利的喉感」。

何謂「喉感」？為什麼蕎麥麵會「銳利」？

日本人對食物的愉悅不只是五官，也延伸到喉嚨的感覺，即「喉感」（下方詳述）。蕎麥獨特的喉感來自於：因為它不發酵所以沒有柔軟的黏質。再加上麵的切法是，將麵糰擀成扁薄平面，重疊幾層，用刀垂直切成麵，因此每條麵的斷面是有銳利的稜角的方形，是通過喉嚨時的刺激、快感。

日本人喜歡的「喉感」

「喉感」日文「喉ごし」是一個日本人注重的一個「食」的感官享受。食物、飲料穿越喉嚨時的感覺要有勁，比方喝啤酒注重的就是有剛度的「喉感」。

蕎麥的另一個主角是那乍看什麼料都沒有加的醬汁。這就是讓習慣吃大魚大肉的中菜的人一看就食慾不振的原因。甚至會說：「光是麵沾『醬油』怎麼會好吃？」這又是日本菜的特色——所用的材料和花費的時間和苦心都在隱處。

「高湯是無形的主角」在第三章有詳述，每家店的醬汁都是商業機密。雖然用的材料不過是鰹魚乾、昆布、蘑菇乾（最高級的是用飛魚乾），但是產地和製作過程不同，味道也不同。是職人入魂的淬鍊。

醬汁也有肉系的鴨湯，適於冬天熱呼呼的湯麵。

醬汁是每一家店配合自家製造的麵的個性和剛度所調配的。

有品、有品味，「粋」的吃法

看到這裡，讀者了解了蕎麥的價值在於它的香味、口感和醬汁的深度，也就自然會聯想，那必有吃出它的價值，「粋」的吃法吧。

蕎麥「粋」的吃法是：麵一上桌，話少說趕快吃！

因為蕎麥的芳香是從一脫殼、研磨、製麵就開始不斷的氧化流失。一位職人說：「下麵只煮五十秒，要準確掌握時間才不走失香味。」講究的店是一邊用機器研磨，一邊製麵，麵一做好立刻煮，不留間隙，以減少香味流失。當然絕不會先做好放著。

所以麵一煮好上桌後，職人的心裡就開始心疼香味一分一分的在走味。懂得它的價值的客人絕不會麵上桌了還在喝酒聊天或吃別的菜。

蕎麥店也有其他菜餚，像天婦羅、蛋捲等等，懂粹的客人是在麵上桌之前吃完菜餚，不會像中菜似得邊吃麵邊配小菜。客人一心專注於麵，這是職人最高興的報償：「這位客人真是『粹』！」

1.佐料的用法

配備的佐料，蔥、薑、山葵的用法和醬汁的沾法也會左右味道。不少人一看到配備的佐料就馬上一口氣全倒入醬汁內，下次試試看這個做法：先不放佐料，光是麵沾汁，先嚐幾口這家店的麵和醬汁合體的原味後，再加進佐料，這樣可以享受到不同的口味。

並且蔥、薑不要全部放進醬汁，留一點下來。做什麼用？後面會說。

山葵的用法是，也可以溶進醬汁內，不過行家的吃法是和吃生魚片一樣，挾一點放在麵上，以麵沾汁，這樣就可以吃到山葵和麵各別的美味。

2. 有品的吃法

首先，一定要拿起醬汁小缽，絕不悶頭吃。

如前所說禮必有理，好拿的、小型的就是要拿起來用的，並且易滴的汁類食物，就是要拿起來靠近嘴。

冷蕎麥麵盛在竹簾上，從中央最高處開始挾麵就不會糾纏在一起（圖❶）。一次挾一口量，醬汁沾約麵的三分之一（圖❷）。

最「不粋」的做法是：一次挾多，全部浸泡在醬汁內，把麵泡軟，又鹹、

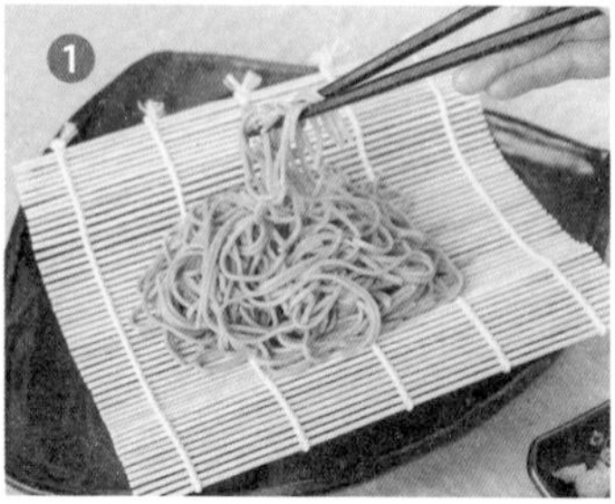

從中央最高處開始挾，一次只取一口量。

一口麵醬汁約沾三分之一，不要全部浸泡在醬汁內。

又走味。另一個絕對不做，也要教小孩子的是，不要一大口麵塞不進嘴就把麵咬斷一半，掉回碗裡。任何麵食都一樣。

因為怕走味所以蕎麥一人份的量不多，吃完可以再追加一盤，或是第二道點熱麵，冬天熱呼呼的鴨肉青蔥蕎麥很暖身（但是先冷後熱的順序不要顛倒）。

吃完麵後店家會送上一壺煮過蕎麥的開水。前述蕎麥的 rutin 芸香苷可以強化微血管，降低血壓防止動脈硬化，因為它是水溶性，所以在煮的過程中約一半會溶在水裡，不喝很浪費。

這湯只有清香沒有味道，一般是倒進剩下的醬汁缽裡。剛才說配備的蔥薑佐料不要全部用完，就是要留一點加在湯內。

那個問題來了！那到底吃日本麵食應該出聲嗎？

再怎麼喜歡日本文化的西方人來到日本的麵店也會捂著耳朵逃出來，指責那吸麵的聲音根本是一種 harassment 聽覺的霸凌。

在台灣甚至有謬傳說在日本吸麵出聲是禮貌（？）。

首先，並不是「該不該出聲」而是「出了聲沒辦法」。日本人吃麵會出聲的一個原因是，日本麵基本上不用湯匙（可輔助接近嘴），所以得吸一下。

另外，蕎麥需要用吸的是有科學理由：蕎麥有獨特的草香味，所以吃蕎麥麵時稍微吸進些空氣，有助香味回流鼻腔。

這是需要吸麵的理由，但是問題是在於吸法！

一個聲音會令人悅耳或是不悅是依音色和頻率，是有客觀性的。這就是為什麼一支美曲可以跨越國界傳遍世界；指甲刮玻璃刺耳的音色和頻率會令人毛骨悚然也是全人類共通的。

日本人吸麵的「ㄙㄨ～ㄙㄨ～ㄙㄨ～」的音色和頻率相當於指甲刮玻璃般吱喳咀嚼令人不悅、噁心。禮必有理，世界上絕對不會有個禮儀規矩會讓人不悅、噁心的。只因為日本人積非成是，麻痺了，被外國人誠實的指出來。

並且「ㄙㄨ～ㄙㄨ～ㄙㄨ～」是錯誤的吸法。「江戶子」（連續三代以上都生長在東京，深知江戶文化的人）說明蕎麥正確的「粋」的吸法：

要訣：挾麵入口時盡量放在嘴的最深處，這樣露在嘴外的麵就剩少數幾條，就可以用很短捷、很輕聲的「ㄙㄨ」一聲就全部吸進口！如此又吸進空氣結合香氣，聲音也不誇張，這才是「粋」的吸法。

不過在正式的會席料理有時會附上一小缽的蕎麥，在正式場合吃麵不出聲。

5.

壽司——壽司行家「粹」的點法、吃法和吧台上的潛規則

你不知道壽司的另一面……

壽司普及全世界也深入我們的生活。價格從米其林三星級店到平價迴轉壽司都有，是人人垂手可得的健康、好吃、老少咸宜的美食。但是其實你只看得到壽司「清純可愛」的一面……

壽司可說是世界上最深奧、最複雜，並且需要知識才能享受到真髓的食物。

就以壽司吧台為例，讀者大概不相信，連壽司發祥地的日本也不是人人敢上高級壽司的吧台。有文化度、有社會經驗的人知道那不是有錢就有膽去。在吧台眾目睽睽之下，自己的點法、吃法，甚至醬油的沾法、醋薑的吃法，以及吧台上的舉止有沒有哪一點不入流？因為壽司有明確的流儀。

反而是缺乏社會世面的人是不知者不畏：「有錢就去啊，怕什麼！」這就是老店家最害怕的，所以不少著名壽司是不收「一見客」（請見244頁專欄說明）以免造成老顧客們不舒服。

外國觀光客不懂沒有關係，但是學習行家吃壽司「粋」的流儀，會使你對壽司的吃法改觀，達到究極的「品」和「味」。四個要訣：

❶點法的法則──了解味覺的科學就更能豐富享受。
❷有「旬」的知識──季節當令的海鮮絕不錯過。
❸有「粋」的吃法──吃法錯誤就失去了價值。正規的吃法都是循著科學。
❹壽司吧台上的潛規則──只顧吃、不在乎旁人的舉止是公害。

世界上沒有其他食物像壽司要有知識才能吃到它的美味真髓。行家和菜鳥花同樣的錢，吃同樣的海鮮，但是享受到的味道不同。

在日本，不少男士會以「壽司通」和「我有固定去的壽司店」為豪。男士帶女士上自己的私房壽司店也是亮一亮紳士造詣的一個舞台：男士有知識深廣的點法、吃法、和壽司職人用行話聊天，以及在壽司吧台上風度翩翩的舉止都會讓在旁的女士心動不已。成為「壽司通」對日本人來說也是個「洗鍊的社會人的動章」。

壽司的另一個深度是，價格也深不見底。讀者到日本觀光是否看過在小巷子裡看起來又老又舊的壽司店？這可是連一般日本人也不敢進去。不是因為這裡鬧鬼，不少著名的高級壽司老店外表就是這麼老舊樸素。而恐怖的不是外觀而已，這些店沒有菜單、沒有價目表，也不收信用卡。結帳時，廚師只在手心裡的小紙頭上寫一個數目，沒有明細，就是照付，甚至，常去的熟客可以記帳，到月底一次付清，那更是不知道自己吃了多少錢。所以老顧客也從來不知道哪個壽司是多少錢。但與其說不敢問，應該說不會問，這心照不宣就是「粋」。因為壽司通了解，即使同樣的魚，天天貨色不同，標魚的成本也天天不同（平價壽司店的魚大多是冷凍，所以可以管控價格）。所以要上「鬼屋型」壽司店，荷包要裝滿一點壯膽。

然而並不是靠錢壯膽就哪都可以勇往直前。壽司吧台是一個公共區域，除了會點、會吃之外，在吧台上狹窄空間和其他的客人如何互動也都是「粋」。

壽司雖然潛規則多、知識多，講究「粋」，但是你也會在後面幾篇會發現，壽司究竟是起源於江戶時代的路邊攤，也是很有江湖人情味的。

1. 壽司入門：把握魚的四季「旬」的知識

有時埋頭工作都忘了季節月份，一進去壽司店看到久違的鰹魚臉對著你說：「嗨！」才想到「哦，秋天了！」壽司店裡魚的陣容就是一個活生生的月曆！

雖然在台灣、中國、東南亞國家盛行吃壽司，但大多是進口冷凍，所以比較沒有「旬」的觀念和敏感性。然而近年物流發達，早上在東京豐洲市場標到的魚，下午就在台灣、上海、香港的壽司店饕客面前了。所以「旬」沒有國界了。

當令的魚日文「旬 shun」，是捕獲量最多，也是最好吃的時候。魚因季節與產卵前後的生態狀況而脂肪厚度各異，「旬」就是壽司通第一要掌握的知識。

仗著有錢去高級壽司店，然而一坐上吧台，明明是冷死人的冬天，卻大喇喇說：「我要鱸魚！」這可是會讓周圍的人摔下椅子、跌破眼鏡（鱸魚是夏天的魚）。不過，沒關係，這就是陳姐姐說的「壽司也很講人情味」的地方，即使沒有知識的人也有不錯過美味的點法↓不必裝懂，只要問板前：「現在什麼好吃？」就行了！

這不但不會被笑是菜鳥，反而是表現你在意「旬」，是「通」哦！也可以請板前全部包辦「omakase」，其中也必會包括當旬的魚作為高潮。

而挑剔的饕客不是乖乖的上什麼就吃什麼。一般人一餐約吃十～十二貫壽司，如果全部都要是自己最想吃的話，那就要有知識，自己點。

日本之所以成為壽司的發祥地是基於四面環海，又是四大板塊的交接處，所以海底地形複雜，世界上十五％的海洋生物棲息在此。再加上黑潮、親潮寒、暖流的交會，魚兒們都照著月曆準時出沒。「今年秋刀魚晚來了兩個星期」還會成為新聞呢。

現在物流外銷沒有時差，日本周邊國家的壽司店的「旬」也都和日本同步了。下面是各種常見的魚最美味的月份，不要錯過：

1月

最冷的一～二月鮪魚腩（toro）在春天產卵前所以是最肥最好吃。青森縣大間町捕獲的鮪魚是日本海域中最為高級，被稱為「黑色鑽石」。

在白肉魚方面是青森附近產的比目魚，這時油脂肥厚肉又富彈性。靠近魚鰭的一排肌肉稱「緣側」（engawa），有豐富的脂肪和膠原蛋白。赤貝、貝柱也是當旬。

2月

鯖魚最肥厚的時候，稱寒鯖。大分縣的關鯖最為珍貴。

章魚、文蛤也上市了。

3月

鯡魚子（kazunoko）鯡魚剛產的卵用鹽醃製成的珍品。

貝類，如赤貝、水松貝。冬天沒有鮑魚所以饕客就用牠來代替。

4月

冬末春初是壽司店最頭痛的時候，因為魚兒大多進入產卵期，所以陣容小。將就一下吃冷凍的吧！

5月

春天的鰹魚叫「初鰹」比秋天的鰹魚脂肪少，魚肉富彈性。鯛魚是五月初～七月初旬。

鮑魚上市了。最高級的「黑鮑」裡外全是黑色，可以生吃或加熱。

江戶壽司的代表——東京灣捕的蝦蛄（syako），這時好吃又帶卵。

6月

穴子（星鰻，anago）也是江戶壽司的名品，從梅雨季至八月初是「旬」。

竹筴魚在日本是從五月初上市至八月為「旬」。

7月

鱸魚是夏天的白肉魚代表。蝦子也是「旬」。

鮑魚是七月～十月初。

8月

竹筴魚（aji）六月～九月既便宜又可大量捕獲。大分縣下關產用桿釣的是最高級品。

這時若在日本，要抓緊時機看看是否碰得上「新烏賊」，這時墨魚（烏賊）的幼兒既甘甜、又柔軟。但是牠在兩、三週內就會馬上變大變硬，即前述「稍縱即逝的旬」。

9月

又要抓緊時機的是九月上旬的生鮭魚卵，一年只有一次。一般吃的是浸泡醬油的冷凍鮭魚卵，只有九月初是剛剖解的新鮮卵。

海膽（uni）七月～十月於北海道盛產。在秋天產卵前從七月到八月初是最有營養。

鰹魚在春天路過日本之後往北游了一圈秋天又回來日本近海，稱「返鄉鰹魚」（modolikatsuo），脂肪肥厚。

10月

貝類。各種貝類陸續在壽司店出現了。

11月

蛤蜊大多用醬油煮，但是過熟會變硬，這就看廚師的功夫了。

12月

這是鮪魚不油不膩的中腹（chutolo）最好吃的時候。

鰤魚（buli）現在八成都是養殖的，天然的寒鰤魚（kanbuli）此時是吃得正肥南下的時候，桿釣的最為高級。

2. 點法的順序是科學法則，有對、錯哦！

在日本從一個人點壽司、吃壽司的順序可以看出他的文化水準。壽司不在於炫耀上幾星級的店，在於會不會吃。

沒有意義的法則是不會流傳下來，也不會普及。它是以大自然的生態加上人的生理為原則。

壽司別於一切料理在於，是吃它幾乎百分百的原味。

然而每個海鮮的天然原味也有濃、淡、油、清、腥與不腥差別很大；壽司又有生、有熟；有鹹、有甜；有包紫菜、沒包紫菜；順序亂點的話前後的味道會沖剋、彼此減損。並且前述味覺的科學機理↓味蕾受刺激後會逐漸失去敏感度。所以吃壽司的順序是基本原則。

中菜是愛怎麼吃就怎麼吃，但是吃壽司也自由亂點亂吃，確實一時是覺得「爽」，但是其實是給「永續的快樂」蓋上了天花板。

人的進化來自於為了希望能「永續快樂」也就是為了要落實幸福，因而會研究思考幸福的法則。掌握了法則，才能享受到永續優質的自由。理解自然的法則才能享受到無窮變化的大自然。

餐桌上亦是以自然的法則為軸才能享受到無窮變化的海洋生態。

我們來看看壽司行家「粋」的點法。

行家們最愛爭議的是：一坐下來，第一個點什麼？

以下這個三例子是最普遍的「爭論」。我們並不是要評斷對、錯，主要是看出各自是基於什麼論點，我們可以學習。

例1

甲：第一個先吃清淡的白肉魚（日文：白身shilomi，如比目魚、鱸魚、鯛）。

乙：不！先吃鮪魚的紅肉（akami沒有脂肪的部分），鮪魚的味道可以刺激食慾，是最佳的開胃菜。

例2

甲：第一次造訪的壽司店，第一個要先點煎蛋捲（玉子燒gyoku，有甜味所以一般是最後吃）。因為從蛋捲可以馬上看出廚師的功夫。

乙：不！先吃「醋味幼鰶」（小鰭kohada），這才是高難度的廚藝，先吃這個才準。

例3

甲：不先吃握壽司，先吃兩、三種海鮮（tsumami）慢慢喝酒，之後才吃有飯的、會飽的握壽司（nigili）。

乙：不！肚子餓了就先吃兩、三種握壽司墊一下肚子，再慢慢邊飲酒邊品嚐沒有飯的生魚片。

口味是依自己當天的生理狀況以及當下的飢餓度而異，要如何開胃不必死守一個方程式，但是基本原則還是：濃味、厚油、重腥、熟食和紫菜捲是在後半段才吃。

壽司行家一個典型的順序例子：

❶首先是當旬的白肉魚。

❷亮皮魚，如鯵、鯖、沙丁魚等。

❸蝦類。

❹鮪魚紅肉。

❺貝類。

❻海膽、鮭魚卵。

❼鮪魚腩 tolo，鮪魚浸醬的 zuke。

❽熟食如穴子（星鰻）、蝦蛄、煮蛤蜊。

❾紫菜捲（軍艦）。

❿清爽口味的手捲，如黃瓜、納豆、干瓢

⓫最後以甜味的煎蛋捲結束。

讀者可以看出法則就是徐徐提升味蕾刺激的層次。

順序的法則不只是在壽司吧台上，在迴轉壽司或是在桌上吃綜合壽司也更能吃出它的價值。

然而，只要是活的生物就必有其不確定性。壽司的順序並非死定，廚師也會依當天進貨的魚的種類、肥瘦狀況決定當天最好的順序安排。這是一家獲米其林星級的壽司店，當天廚師決定omakase的順序：

1. 開胃以中トロ（鮪魚中肚肉）
2. 淡泊的鯛、章魚或蝦（鹽味）
3. 大トロ（鮪魚腩）
4. 海膽軍艦
5. 烤鰔魚皮
6. 貝類
7. 烤蝦
8. 穴子
9. 黃瓜細卷
10. 蛋

壽司通另一個「粋」的點法→不點

Omakase（お任せ）是由板前包辦的點法，不是只有菜鳥才這麼做，在最高級的壽司店也大多是omakase。這並不是店家傲慢，不讓客人自由點，而是一種信任。因為再怎麼壽司通也不知今天進貨的每種魚的狀況、大小、肥瘦程度，有的烤炙一下才好吃，或是有很難得的魚的某部分，好比鮪魚頭頂肉稱「腦天」，一隻魚只有0.15%的稀少部位——今天偶然進門了。

並且在順序上，若是包辦式，板前會刻意給味蕾一個小shock，比方上述的米其林壽司店，在海膽和貝類之間插進來一個意外的烤魚皮……他可以自由發揮sense。

板前不是壽司機器人，他們了解人的生理反應，所以有時讓他掌握全局會有驚喜。這就是「不點的點法」。

讀者可以看出在不確定性中仍依循濃、淡、強、弱的韻律。「順序」本身也是廚師的一個作品。

即使會點，也要考慮自己的荷包。之前說壽司店「很有江湖人情味」是因為不同於一般餐廳，很懂人情世故，價錢有彈性配合。比方在電話預約時就可以坦白的商量價格：「請在一個人×××元以內包辦」，這樣就安心了。

3.「粋」的吃法

即使你點了當令最新鮮最貴的魚，但是吃法不入流，比方整塊魚肉浸在醬油裡就嗚呼哀哉了！壽司的吃法更是講究「粋」，不光是達到「味」的頂點，也注重「品」的規矩。

1. 壽司該用手拿著吃？還是用筷子吃？

答案是：都可以。用手吃的原因是壽司的起源是路邊攤速食，原本就是用手拿著吃。並且做壽司是用手捏塑的，所以同樣用手拿吃也很自然。坐在吧台上不少人是用手吃，也是秀一下自己是「通」。

不過女士用筷子比較不流氣，不用拚當「通」。並且一個非常重要規矩是，當你拿杯子、拿筷子的時候，手必須是乾淨的！所以用手吃的話要頻頻擦手，我是嫌麻煩，而且常擦手會變粗，所以我一律用筷子。

要注意，若不在吧台，在餐桌上還有吃醋薑時都要用筷子。

2. 無論用手或用筷子，飯糰絕不散碎

用手拿著吃的方法：只用三根手指頭。拇指放在魚肉上面，將壽司稍微傾斜，中指放在下面飯糰底，將魚肉朝下沾醬油（圖❶、❷）。

用筷子挾著吃的方法：同樣的做法，用筷子傾倒壽司，挾住魚肉和飯糰的上下兩面，魚肉朝下沾醬油。

為什麼吃迴轉壽司老是會吃多了？

迴轉壽司是日本最大的外食產業，占市場50%以上。如何在這一盤一百多日元內追求新鮮、美味又大塊？迴轉壽司在日本創始六十多年來競爭激烈，不斷的精益求精。迴轉壽司的一個賣點是可以「做怪」！將國外發明的創意壽司逆轉進口回來日本，比如「加州捲」是美國人喜歡的口味，裡面包蝦子、生菜、酪梨、美乃滋；小孩子喜歡的罐頭鮪魚加美乃滋捲；甚至還有叉燒、鴨肉、牛肉壽司等等。即使正統壽司店罵他們不三不四，這些創意壽司就是人氣旺。

迴轉壽司掀起的革命不只使價格大衆化，也是使壽司成為無國籍全球化的推手。

但是覺不覺得每次上迴轉壽司店都會吃過頭？這是設有機關的。

壽司旋轉的速度是約秒速四～八公分。

當人凝視這個半快不慢的迴轉韻律會使精神鬆懈，據推測此時的腦波是阿爾發波（α），幾乎是半催眠狀態，也就是陷入了「迷魂陣」，人的自制力降低於是一盤又接一盤……

3. 壽司是一口吃下？還是要分口咬食？

再怎麼櫻桃小嘴，壽司要一口吃下，絕不咬一半。若飯太多可以請廚師包少一點。

4. 醬油的用法顯示文化水準喔

❶壽司飯絕不沾醬油。飯粒絕不掉進醬油裡。

❷魚肉只沾一角，不整片沾。

❸不溶山葵在醬油內（迴轉壽司不是用新鮮山葵所以沒關係）。

❹醬油不倒多，用完再加。壽司吃完時，碟內的醬油也剛好用完才是「粋」。

散壽司（chilashi）的吃法

對散壽司大家最困惑的是，醬油怎麼沾？

散壽司分兩種，一種是關東式，即常見的「江戶散壽司」。吃法是照前述一般壽司的順序，先淡後濃、先清後油、先生後熟，最後才吃蛋和黃瓜。

醬油的用法：不直接淋在飯上，一片一片的沾。一口魚、一口飯輪流吃。

另一種是關西式，海鮮類全部切成小塊，和鮭魚卵、醋飯全部和在一起。這種壽司不用山葵也不沾醬油，就直接吃。

4. 壽司重要的配角：飯、山葵、醋薑和醬油，各個學問大

1. 飯

飯也是主角！

決定一個壽司的優劣除了海鮮之外，飯的功夫占六成。

壽司的術語稱飯為「舍利」，就知道它的地位。

不要看壽司的醋飯僅僅是「醋加飯」，壽司職人需要長年苦修：用什麼醋、什麼米？這個合體是每家店的商業機密絕不外傳。日本米有三～五百多種，光是米的學問就大了。讀者大概會以為愈是新收成的米愈好？一般是如此，但是壽司飯就不同了。舊米比新米更會吸收醋汁，所以新米、舊米是混合用。比例是多少？什麼產地？什麼種類？又是各家的商業機密。米的煮法也各自有研發。一家透露他的米飯的煮法是「米浸在水裡，放冰箱八小時候才煮」。

日文說「舍利三年」，是指壽司學徒光是學做醋飯就要好幾年。這就是讀者在日本吃的壽司和在其他國家不同的緣故——對飯下的功夫不同！

壽司的飯的另一個功夫在「握法」（日文稱做壽司為「握」壽司，在手心上握捏的功夫），更是決定壽司美味的關鍵。

近年在日本不少迴轉壽司連鎖店是用機器人做壽司↓將醋飯壓成形狀後，上面蓋上魚片。乍看和人握的沒兩樣，而缺點是飯和魚容易潰散分離，不然就是飯緊如飯糰。握法力道是壽司職人最需要苦熬的功夫，也是職人的飯碗永遠不會被機器人搶走的理由。

挾起壽司、沾醬油、放入嘴裡一咬，這不過五秒鐘，而這就是功夫所在：挾在筷子上的飯要夠緊才不會潰散；但是不能光是緊，一放進嘴裡後飯粒要立刻全部鬆開，這樣飯和魚肉才能融合一體。

米其林三星壽司老闆小野次郎說：「海鮮必須貼緊下面的飯，所以在握飯時，上層的飯粒是橫躺、緊貼著海鮮，而下層的飯粒要是立直的，這樣才會立刻在口中散開。」你說這是不是藝術。

2. 山葵

迴轉壽司或是大眾料理店用的是山葵粉加水調成的，香味雖然是比不上新鮮山葵，好處是辣味持久。用法請隨意。

新鮮的山葵則不溶在醬油內，放在魚片上，以魚肉沾醬油，這才能吃到山葵的原味（山葵在第3章「生魚片」詳述）。

3. 醋薑

醋薑的作用是：吃完一道魚之後消除口中的殘味，去油爽口，這樣才能吃到下一道魚清楚的原味。一次只吃薄薄的兩三片。別像吃蔬菜般的大口吃、頻頻吃。

一個閒談，軍艦壽司是飯包一圈紫菜，上面放鬆散的海鮮類如海膽、鮭魚卵、蟹卵等，這種壽司不方便沾醬油。前述壽司要倒過來，以魚肉沾醬油，絕不以飯沾醬油，但是「軍艦」倒過來，上面的海鮮會掉落；沾下面的話，飯粒又會掉在醬油裡。於是近年有「新興的壽司通」建議：用醋薑當刷子，用它沾醬油然後刷在軍艦上。乍聽下覺得效果滿好的，不過這方法不久就被淘汰了。資深的壽司職人如此評判：第一，醋薑沾了醬油就變得難吃了，是暴殄天物。第二，醬油是壽司職人精選的，沾上了醋薑味也是暴殄天物。如此三敗俱傷的做法也終究夭折了。由此可看出店家是如此珍惜各個配角的價值。

軍艦壽司正確的沾法是：在紫菜的下方一角沾醬油（如下頁圖）。

4. 醬油

似乎「醬油文化」是漢文化的配套，凡有受中國文化影響的國家也都是「醬油血統」。雖然醬油發祥自中國，但是今天是日本最為講究，甚至中國現在是引進日本的低溫製麴的技術。

日本醬油的種類是豐富到有所謂「醬油專家（sommelier）」如同葡萄酒酒侍，可以盲測 blind taste 說出它的牌子和產地。

❶ 醬油倒少，用完再倒。

壽司店用的醬油是職人從全國精挑細選的。

「吃原味」並不是什麼調味料都不加的意思。適合、適量的調味料可以點出、襯托出原味。醬油是壽司不可欠的伴侶，但是醬油的用法的對錯也決定壽司的死活，也看出一個人的文化度哦！

醬油倒得滿滿的，一看就是菜鳥。只需倒一點在碟裡，用完再加（圖❶）。一餐吃完也剛好用完碟內醬油。

- 沾法如前述，將壽司傾倒，醬油只沾魚肉的一角，飯粒絕不沾醬油（圖❷）。
- 「軍艦」壽司可以直接拿著小醬油瓶在壽司上滴幾滴，或是只沾下方的紫菜一角（圖❸）。
- 壽司用的醬油不同於生魚片，壽司用的醬油不能濁，不放進山葵，或是飯粒掉進去。

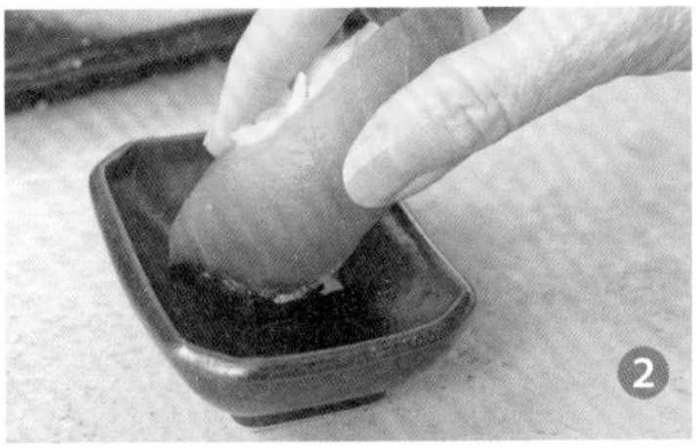

握壽司上下顛倒，只沾魚肉的一角。

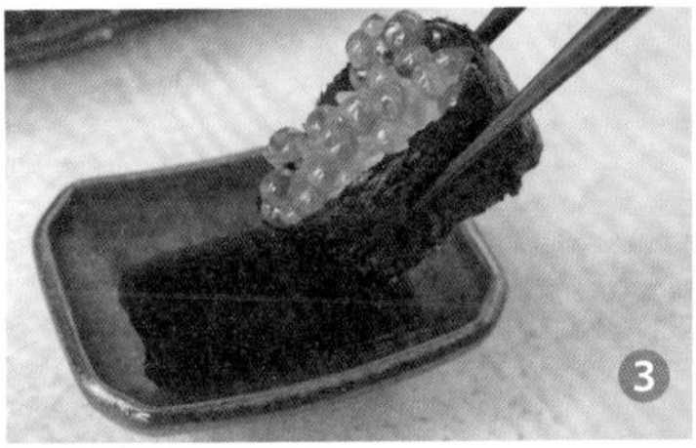

「軍艦」形壽司，只沾下方的紫菜一角。

5. 壽司吧上風度翩翩「粋」的舉止

根據心理學，想要加深感情的情侶與其面對面坐，不如並排坐，因為第一，不面對面比較沒有壓力，彼此易吐真言。第二，並排坐時兩人會面對同樣的光景，這會萌生出有「同志」般的一體感，拉近距離。壽司吧台是一個好舞台，不過一個前提是↓要懂得點法、吃法和吧台的舉止禮儀，否則反而糗相畢露。

筆者著《名媛養成班》書內有提，女士一個人能坐在壽司吧台上自在的點用和互動是代表有知識、有見識，是新時代成熟女人的「粋」。諳知吧台文化是洗鍊的社會人的象徵。在壽司吧台上的愉悅不光是吃現點現做的美味，也可以欣賞今天海鮮的卡司陣容、看著職人精湛的刀法、和握壽司的手藝；也可以直接和廚師聊聊關於海鮮當旬的話題。吧台也是一個社交區域。

吧台是和陌生人緊挨著坐的狹窄空間，一不小心的舉止會造成其他客人的困擾。以下是要點：

- 在公共區域最要注意的還是那兩點：乾淨、安靜。
- 衣衫要乾淨整齊。比方剛打完球、運動後要換洗乾淨再去，因為吧台離生鮮食物很近，不要給人不衛生、髒相的感覺。

◎說話低聲。講話大聲就是老粗。

◎手肘不放在吧台上、腳不張太開、不翹腳、不搖不抖腳，不侵犯旁人的空間。

◎吧台也有分上、下位哦！和上司、顧客或是女朋友，上位在左邊，理由是方便下位的人用右手斟酒。三個人的話，中間是上位。

◎坐吧台不要拍照，會騷擾旁人。並且坐吧台的意義是現做現吃，壽司的冷、暖、乾、濕都是廚師算好的，比方包紫菜的壽司上桌後是一秒一秒得失去脆感，而你卻忙著拍照是不入流哦。

在正統的壽司店不點鮭魚哦！

讓壽司成為全球化的食物，鮭魚的貢獻很大，不過這只限於迴轉壽司哦！在正統店、高級店不要點鮭魚，也沒有。鮭魚用於壽司不過是這十年的事。壽司興起於江戶時代，江戶也就是現在的東京，靠東京灣有豐富的海產，唯獨沒有鮭魚。因而鮭魚只產在北部寒帶，當時沒有冷凍技術可以運來東京，再加上鮭魚的寄生蟲長在筋裡很難處理，所以江戶壽司從不用鮭魚。縱然鮭魚壽司這麼有人氣，並且現在的鮭魚幾乎100%是冷凍進口，冷凍可以完全殺死寄生蟲，但是正統的壽司店仍堅守傳統不握鮭魚壽司，理由是「沒體統」！☺

特集

壽司大師：「我會想偏心這種客人。」

大神宮是「求良緣」很靈的神社，在這十年崛起的東京新名勝被譽為「東京的伊勢神宮」。陳姐姐擠在女孩子群裡步向大神宮，不過不是去求緣，是去旁邊的壽司店。

時代壽司有九十年的歷史，是靠近我所屬的網球俱樂部。這裡經常有外國客人，除了外國大使館的網球球友，在附近的大飯店也經常介紹觀光客來。老闆酒井先生是第三代，板前itamae塙先生在這裡四十年了。

為了寫此書，我今天前來問他一些讀者們可能有興趣的問題，例如：「對外國客人有沒有什麼難以啟口的建言？」、「什麼時候會覺得：『哇！這位客人是行家！』」

讀者們皆知日本是「顧客至上」，塙先生非常習慣許多國家的外國客人，即使他說：「中國客人的聲音很大。」但他也沒有抱怨。（但是不行哦，這很騷擾！）他第一個想說的就是外國人的醬油的用法：醬油倒得滿滿、魚肉整片沾得濕淋淋。這種沾法不但會使飯粒碎落在醬油內，也使魚肉減損美味（正確用法如前述）。此外醬油盤要放靠近自己，放遠會滴得滿桌。另外，含蓄的他唯一直言的是，很受不了濃香水味。過去是歐美的女士居多，不過近年亞洲女士也開始擦濃香水入壽司店了。壽司店因為沒有炒、煮的油煙味，所以香水味會特別突顯。去壽司店或一切日本料理店不擦香水。

擁有九十年歷史的時代壽司。

接著他感嘆，壽司真的是全球化了。過去他還要拿刀叉給外國客人吃壽司呢！而現在，不要說老外善用筷子，還有不少老外是壽司行家呢！

任何行業，只要碰到是「行家」的客人，店家絕不敢怠慢，特別是壽司店。雖然客人們點同樣一種魚，但要給哪位客人魚的哪個部位操之於廚師的手中。給不識貨的菜鳥和給行家的貨色不同。（這是祕密）

陳姐姐問，什麼時候他們會覺得客人「哇！內行」？答案和之前陳姐姐寫的差不多。

第一是，懂旬，第一個就點旬的客人。旬的魚許多是亮皮魚，如鰺、鯖魚、沙丁魚等，是低價位又是最新鮮的。還有白肉的魚（白身shilomi）也非常有「旬」的代表性。

更讓他讚歎的是，也有外國觀光客（非定居日本）是行家的點法：開胃從生魚片（無飯的tsumami）配酒開始。並且點法是：「今天有什麼？」「請你幫我搭配幾樣。」不懂壽司的人則是，一開始不點原味的魚，馬上吃有重調味料的熟魚，像穴子、煮蛤蠣等。（陳姐姐前面有說明其原理，記得嗎？）

在吃法上讓他覺得「哇！內行」的是比方八爪魚、白肉魚和海膽沾鹽吃的客人，（這一點陳姐姐口味不同，因為太淡泊的白肉要沾豐富胺基酸的醬油更加風味）。最後，他表示：「會點鮪魚的也是內行人。」鮪魚是需要高廚藝，也決定一家壽司店的檔次。雖只是酸和鹹而已，但是這個比例拿捏各家不同，比方，現在仍守住傳統江戶口味的壽司店的鮪魚口味就比較鹹（因為江戶時代是用鹽醃漬以保存）。酸、鹹的均衡點全憑廚師的感性。

一個題外話，原來日本壽司店的熱茶也有個小學問。

有沒有感覺過壽司店的茶有需要燙到那個程度嗎？喝冰水不行嗎？

壽司店的茶特別燙的理由是，如此才能去掉口中的魚油，是為了爽口。杯身也比一般的大又厚，這樣才可以保溫。並且壽司店的茶的重點是，不要有茶香，便宜的茶就行。因為茶香會擾亂淡薄纖細的魚味。這種茶在家裡喝並不好喝，只有配壽司才好喝。

壽司店和世界上任何餐廳不同的是，可以邊吃邊和廚師交流（鐵板燒就不同了，火候很重要所以不要打擾廚師）。除了聊些和食材相關的話題，也有客人請廚師一起喝酒，他表示這一兩杯都是很好的交流。

最後他說，最讓他感動的，竟然是客人的這一句話。

讀者們都知道日本有一個人人必作的習慣，飯後一定會說聲：「gochisosama 感謝您的佳餚（或準備飯菜）」，這大多是對家人或是對款待的人說。但是有社會洗練度（sophistication）的人也會對店家說這句話。身為廚師，他會好高興，甚至想：「他下次再來，要偏心他一下……。」並且，有一點他覺得外國觀光客超越日本人的是，凡是添茶、添醬油等時一定會說 thank you，反而日本人不會說出口。

其實我聽了也很驚訝，原來我們經常說的、說到麻痺的話，聽在對方耳裡是這麼悅耳和鼓勵……

客人與壽司職人的良好互動，是壽司店裡最美好的交流。

專欄

確立自己的價值觀和標準的日本師傅對米其林沒有朝聖心態

Chapter 5.

大眾料理：壽喜燒、鍋物、燒鳥、河魨

大眾料理是和大夥兒輕鬆開懷得吃，而鬧中也有序。和同伴如何有品的互動
如何吃出料理的價值也有「流儀」。

1. 壽喜燒——「牛鍋」和「壽喜燒」哪裡不同？

在日本家庭凡是有要慶祝的喜事大都是以「今晚吃壽喜燒！」為最高的家庭饗宴。至於是用什麼肉就看媽媽的荷包鬆緊，因為壽喜燒並不限於牛肉，主要是那個做法、那個味道。肉可以用豬肉、雞肉，北海道還用山豬肉、熊肉。甚至近年在東京的住宅區出沒的果子狸造成的獸害日趨嚴重，有人建議可以捕來做壽喜燒。

為什麼家庭饗宴要壽喜燒呢？陳姐姐也是因為寫此書才第一次去想它必有理由：日本料理基本上是各自一份，壽喜燒是少數的日本料理中讓大家共用一鍋，有互動的料理，所以氣氛熱鬧溫馨又有一體感。

不過和朋友們大夥聚餐時，在互動中會流露出品行和本性。要守住一些基本的社會常規。

壽司 Sushi 和壽喜燒 sukiyaki 大概是外國人最初學到的兩個日文。在日本要宴請愛吃肉的外國貴賓壽喜燒是最適合不過的日本菜，但是這個最具代表性的日本菜並不是日本固有的傳統料理。日本人吃肉的歷史不過一百年，如前述，在飛鳥時代因天皇篤信佛教宣揚不殺生、禁食肉，直到明治天皇開始吃牛肉全國才開葷的。

壽喜燒因為是以醬油為底，所以比其他的日本菜容易被東亞人接受，不過它獨特的甜味也令不少人有違和感。而且一定要和生雞蛋一起吃嗎？日本街上招牌有「牛鍋」、「寿喜燒」，又是哪裡不同呢？

壽喜燒的日文すき焼き來自「鋤」，在歷史上有用鋤頭的鐵面燒烤過蔬菜，之後演變成用鐵鍋燒烤之意。「壽喜燒」原本是關西的稱法，關東稱

「牛鍋」。在一九二三年關東大地震毀壞了整個關東的經濟，之後關西店逐漸進入關東發展「壽喜燒」，自此這個名稱也成為關東的主流普遍的稱法。

不只在名稱上，關東、關西的做法和味道也不同。材料和調味料基本上是一樣，主要是放進鍋內的時間點不同。比如陳姐姐是肉食女（只限在餐桌上，別無他意），是比較喜歡肉味重的關西風味。

關西風：在家庭大都是吃關東風，在高級店大都是關西風，因為關西風比較需要些功夫所以都有專人服務。主要的差異是先只吃肉：牛油下鍋後，只先加入肉，煎到半熟，在肉上灑上砂糖之後加醬油、酒和味醂。先只品嚐肉。

剩餘的肉再加入其他材料，先後下鍋的順序是長蔥、白菜、蘑菇、春菊、豆腐和蒟蒻絲，最後再分別加入剛才的調味料。

關東風：平價自助式的壽喜燒大多是關東風因為作法比較簡單：有混調好的醬汁稱「割り下」同樣是醬油、糖、酒和味醂。並且肉和蔥開始就一起下鍋、煎到半熟後只要倒入調好的醬汁，其他材料也全部一起下鍋煮。稱為「牛鍋」是因為它的湯汁比關西風多，但是也不是多要像涮涮鍋般得「煮」使肉味流失。

吃壽喜燒的品味和規矩

不少人有個迷思以為愈高級的肉愈是要生吃？肉的成分胺基酸需要加熱分解才會香甜。特別是脂肪交織的霜降牛肉，生吃脂肪只會噁心，還是要透過火，至少等到顏色變。

沾生雞蛋的目的是降溫，以及生蛋和帶甜的牛肉味道很合。但是用不用是隨意。

吃任何料理太燙不要呼呼吹，很幼稚又土又難看。挾著稍等一下自然會涼下。

碗一定要拿起來用，以防滴落，這是從小要教的習慣。

和大家共用一鍋所以一次不挾多，約兩、三口吃得完的量。

2.
鍋物——為什麼女生搶著要做「鍋奉行」？

「和他是吃同一鍋飯的人」日文的意思是「一心同體的同志」。在日本大多只有和至親、好友或是想親近的人才會想一起吃火鍋，因為日本人菜基本上是各自一份，不太習慣共享一個食物，所以更不會想和要保持距離的人共食一鍋。（河魨鍋是例外，它經常用於商務應酬，必有專人服務）。有日本狗仔表示，若跟拍到一對標的的男女藝人兩人共吃火鍋的話，幾乎可以斷定必有「特殊性關係」。

涮涮鍋、火鍋也是大夥兒拉近距離，敦睦感情的一種「活動」。不過雖然在桌面上大家開心和諧的分享一鍋，其實水面下也有女生在勾心鬥角☺。因為吃火鍋和其他料理不同，是客人自己煮，這個負責煮火鍋的角色日文稱「鍋奉行nabebugyo」，可以藉此機會在心儀的男生面前展現「我會是個好太太」讓他看到你會做料理的一面。若你「爭取」到這個角色，鍋物做得好又體貼的服務大家，男生必會♥。好吃又合乎科學的「鍋奉行」的四要點如下：

1. 食材入鍋的順序

中式火鍋大多是先放入較難煮熟或是作為鍋底的食材，而日本的涮涮鍋則是先只放肉，這樣才能吃到沒有雜味的純肉味。吃些肉之後才放進其他材料。

2. 照顧火候

肉下鍋時湯必須是沸騰狀態才能快速燙熟外表，將肉汁鎖在內不外流。所以不時得要注意火候，也不將肉和其他青菜同時下鍋，溫度會下降。

3. 不斷的除去泡渣（日文稱「灰汁」）

對「灰汁」在意的程度是中國人和日本人做料理差異很大的一點。

灰汁（日文aku）是肉和蔬菜溶出來的血液和渣質浮泡在表面，日本料理非常忌諱這個雜濁味。一般會放一個專為除灰汁用的缽和大瓢羹。鍋奉行的重要工作是不時的要舀出表面的灰汁放進這缽內。

4. 鍋奉行替大家服務

工作關係上吃火鍋時「鍋奉行」就由最年輕的晚輩替大家服務。除了上述三點，也替大家平均分配食物。首先不裝太滿，一次約三種食物，先問一聲：「有沒有不吃的？」盛好後將碗給對方時加一句：「很燙，小心喔！」這樣就好～～體貼♥。

吃火鍋也有規矩

大家一起分食的料理要顧慮到他人，以及自己的吃法觀瞻別讓同桌的人看了不舒服：

❶要用公筷
❷不專吃一種食物
❸不一次拿太多
❹不在鍋內翻選食物

❺挾了就不再放回去

❻將碗拿靠近鍋，不要滴

吃一次火鍋還真看得出一個人呢！

3.

燒鳥——特別叮嚀女士，在路邊攤和專門店的吃法不同哦！

不少國家都有串烤的食物，比如回教國家的sis kebab串烤羊肉，之後演變成西餐的串烤肉加海鮮的brochettes；日本也有許多用串子的料理，甚至細到用松樹針葉串白果。凡是有串子的食物都是一個共通的吃法。不過吃燒鳥首先要區分是在路邊吃，還是在高級店。

在日本過去燒鳥是大叔們下班後和同仁們路過簡樸的小店，日文稱「紅燈籠」，喝幾杯酒吃幾串燒鳥，罵罵上司發洩完後才回家吃飯。燒鳥只是一個小吃，不是正餐也不上大雅之堂。而記得是在八〇年代初，在六本木有家叫南蠻亭的燒鳥專門店，是從這裡燒鳥的形象開始變「夯」了：店面是洗鍊的現代風裝潢，有不少藝能界、時尚界的客人。最大的變化是女客增多了，而且是為了正餐去的，不是為喝酒。燒鳥終於升格為獨當一面的「料理」了。並且燒鳥店不斷的進化，比方高級店有契約農場的土雞、鬥雞為賣點。

東京在這二、三十年間不斷的作大規模的都更，整頓小陋巷改建為摩天大樓，紅燈籠燒鳥店也逐漸消失。只剩寥寥無幾的紅燈籠仍是大叔們的棲身之處，一位日本文化人不勝唏噓地說：「那個氣氛就是療癒、無可替代。」不過隨著一年三千萬的外國觀光客湧入日本，瀕臨絕滅紅燈籠店的命運出現了轉折。東京新橋車站附近的電車軌道橋下的紅燈籠街登上了米其林觀光指南！這平價、平易，又可以享受到日本風味的紅燈籠小店現在處處擠滿了外國觀光客。而可憐的大叔們最後的禁臠又被外國觀光客占走了……

凡是有串子，吃法都一樣

燒鳥店的發展是兩極化，吃法也是兩極。陳姐姐要特別叮嚀女士，在高級店和在軌道橋下路邊攤、紅燈籠店的吃法不同哦！

可以了解當人一看到串子食物，本能上就會想整串拿起來咬才過癮是不是

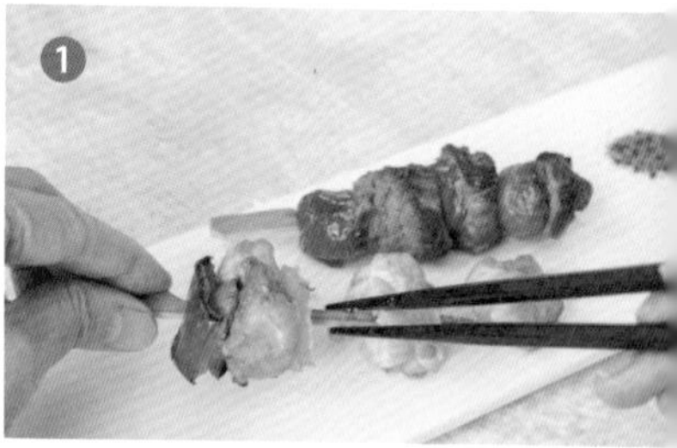

串子的食物吃法都一樣。

☺？若是在郊外烤肉或是在路邊小店和大叔們擠站著吃的話，任你野性奔放ＯＫ；但若是和男友約會在高級、有氣氛的店裡，整串拿起來咬的樣子，自己看不到，但是齜牙裂嘴的樣子很像母夜叉哦！而且又會沾汙嘴邊毀容。

凡是有串子的食物，高雅的吃法都一樣：用筷子把整串肉一個個卸下盤內（圖❶），然後一個個挾著吃。

要趁熱時卸下，冷了就會黏住串子。

日本料理有不少用串子的食物：

◎「田樂」是以木籤串著豆腐、蒟蒻或是茄子，上面塗味噌醬。同樣的，先將整大塊卸下來（圖❷），再用筷子分成一口大食用（圖❸）。硬體的蒟蒻分口咬食ＯＫ。

◎精緻的會席料理在秋季的前菜裡會有松針葉串上白果。同樣的，先用筷子卸下全部的百果，然後一顆顆沾鹽吃。

先整大塊卸下。

再用筷子分成一口大。

燒鳥「粹」的點法、吃法

「燒鳥」的意思很廣並不限於「鳥」（雞肉），豬的面頰肉（kashila）、雞軟骨、牛肉、豬大腸（shilo）、豬舌、碎肉丸（tsukune）等等都統稱「燒鳥」。點法和前述的壽司、天婦羅等一樣的法則：從清到油、從淡到濃，先吃鹽味再吃醬味，中間就吃些爽口的蔬菜類、蘑菇、銀杏串等。

◎日式的辣椒粉「七味」和鹽的用法是：不直接灑在燒鳥上，不小心過量就慘了。舀幾匙放在盤子的一角，肉挾著沾辣椒粉（圖④）。

◎吃完後的盤相更是重要。如果沒有放串的筒子，串子全部聚攏一起。重點是要橫擺，串尖不要指著對方（圖⑤）。

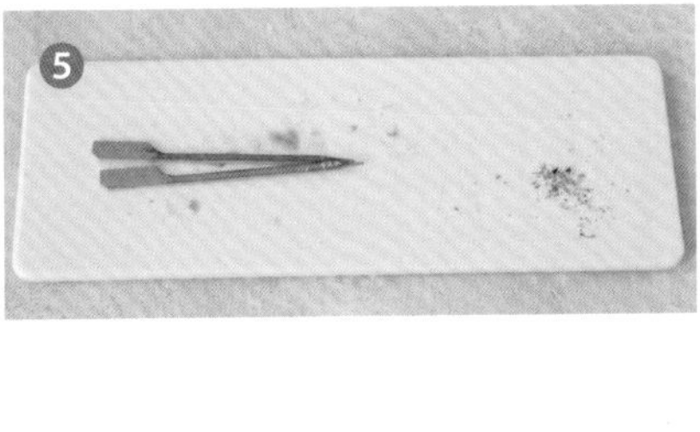

4. 河魨——過去的珍品而即將成為大眾料理了

河魨的殺人前科是早在紀元前中國秦朝的《山海經》就有記載。日本在歷史上也長期禁食河魨，直到江戶時代發現原來致死的劇毒是存在於肝臟和卵巢，所以只要去除內臟就可食用，因而解禁。

然而當時江戶政府並不完全放行，仍不准武士吃河魨。因為武士是國家的重要資產，不能有任何萬一（其他百姓就算了……？）也就是處理不當的話仍是會有意外發生。至今，去除的內臟仍依法要上鎖管理。

河魨一直是冬天昂貴的旬物，最高級的是山口縣下關捕獲的天然虎魨。不過近年出現了不少店約五千日元左右河魨吃到飽，牠成為大眾化的原因是：

❶從中國大量進口人工養殖的河魨，再加上冷凍殺菌技術進步，整年都可以吃到新鮮的河魨生魚片。

❷法令寬緩了。由於河魨的肝和卵巢等內臟有致死的劇毒所以河魨料理師必須要考上執照。而近年法令寬緩，若是已經除去了內臟，處理過的切塊河魨（切身kilimi），則料理人不需有特別的執照。這讓開河豚店的門檻降低了。

讀者可以試試看這道在中菜裡沒有可以類比的Q彈堅韌口感的魚。但是說真話，若依CP值，陳姐姐不敢大力推薦，因為陳姐姐個人感覺是，河魨是因量少而珍貴，所以人的心理會高估、盲信。雖然魯山人稱河豚是「人間極品」，確實，牠的賣點是在於韌感和微微帶甜的

肉，習慣淡味的日本人會有感，但是習慣大鹹大辣中國菜的人大概不夠味。除非對自己味蕾的敏感度有信心。

因為是纖細淡泊的魚，所以更要注重吃法才能吃到牠的價值。

河魨就像北京烤鴨是三吃：生魚片→炸河魨→火鍋，最後加進飯熬成稀飯。

第一次吃河魨的人看到第一道生魚片上桌時一定會「哇～」，這是「哇，好美」眼前是一大盤的藝術圖案，魚肉片大都是排列成一個大花瓣形（牡丹）或是吉祥鶴的形狀。

接下來會有第二個「哇～」是看到一片片的魚肉薄到透明，可見盤底，是「哇，好小氣」。不，並不是店家小氣才切薄，因為河魨的特色在於強韌的纖維質的咬勁，所以必須薄切才方便咀嚼、品味。這也展示出爐火純青的刀法。

有「粋」的吃法

河魨也是自江戶時代盛行的料理，有牠傳統「粋」的吃法：

1. 美麗的圖案，要從哪裡下筷

河魨是日本冬天珍貴的旬物，若日本人請你吃河魨一定是重視這個會晤。第一道生魚片上桌了，主人會請您主賓先下筷。面對一大盤花瓣狀美麗的排列，在眾目睽睽之下要從哪裡開始挾？

河魨不是平常的菜餚，所以懂得河魨吃法的人是生活水準較高或是經常有宴會、有社會歷練的人。讀者不是日本人即使做錯也沒關係，但是既然看了這本書何不做到最高段讓在座的日本人都驚嘆你的文化度呢？

首先，陳姐姐之前說過，任何菜餚無論是中、西、日，從盤子的中央下筷是很粗，要從靠自己的邊緣開始吃，但唯獨河魨是例外。禮必有理，原因是：

魚肉像花瓣狀貼滿整個大盤子，中央是隆起的「花蕊」，也就是魚片堆疊最多的地方，從中央的花蕊開始挾，再從內圈逐漸往外，如此美麗的圖案就可以維持到最後。這是典型日本食文化的特徵：視覺的享受不亞於口慾。

魚肉片很薄不需要一片一片吃，一次挾二、三片OK。

2. 配料怎麼用？

配料的蔥和辣蘿蔔泥統稱為「藥味」，蔥有分二種：約三公分長的蔥，不放進醬汁內，和前述吃一般生魚片一樣，將它捲在魚片裡，以魚肉沾醬。另一種是切細的蔥屑，這和辣蘿蔔泥一起伴入柚子醋內。

白子燒，先看一下價格

白子shilako是河魨的精巢，只在冬天交配期才有的珍品，所以價格高。比方套餐有沒有附一顆白子差約五千日元。ＣＰ值也要考慮一下，確實口感綿稠creamy但是沒什麼味道，真有如魯山人讚嘆是「天下獨一無二的美味」……？魯山人當時的「天下」和今天相比是太小了。

3. 炸河魨要擠上檸檬？

私下透露，炸河魨是陳姐姐最喜歡的，但是如果它一上桌有人獻出「服務精神」在熱氣酥脆的炸物上替大家擠滿了濕淋淋的檸檬汁……，會想翻桌（開玩笑的☺）想想也知道這樣不合理吧！

要用檸檬就擠在自己的盤內，不必替別人服務。

最後的一道是剩下的帶骨的魚身加入青菜、豆腐作成火鍋。最後再加入白飯，打進蛋煮成河魨粥。

生物科技也登上了我們的餐桌。虎魨的基因剪輯技術實驗成功。不同於「基因重組」仍有許多未知數，「基因剪輯」只是修剪掉不要的基因。虎魨是把抑制肥大化的基因剪掉，所以安全性上目前是無虞。預計在近年又肥又大的虎魨將大量上市。河魨將又更接近大眾了。

專欄

確立自己的價值觀和標準的日本師傅對米其林沒有朝聖心態

東京一家名不經傳的小飯糰店自從獲得了米其林一星登上了《米其林指南》後生意漲了好幾倍，店長笑得合不攏嘴。而另一面，京都料理工會會長高僑英一說：「看到東京的餐廳為了米其林的幾星幾星在一喜一憂，又哭又笑，我們實在不想像那樣。如果米其林非要登載的話沒辦法，但是人潮蜂擁而來實在會造成老顧客們的困擾。」

二〇二三年在東京獲得米其林星級的餐廳有二百二十家，是全世界最多的都市。米其林在二〇〇八年首次登陸日本時確實當時是很夯的話題，不過十多年下來社會也沉澱了，唯有像「飯糰店獲一星！」才會有新聞性。

不只是京都的傳統老店，我喜歡的一家在東京港區的日本料理店，歷史不過十多年，也謝絕米其林的登載。老闆也沒提過此事，是我自己覺得這麼精湛的料理若米其林錯過，那就太沒sense了。我問老闆之後，他才說出曾有三星的推薦但是婉拒了。

這不是因為民粹。日本對米其林沒有朝聖心態，這和中國、台灣是個對比。筆者分析三個原因，我們看看什麼可以借鏡。

1.自己有判斷基準就不受外界評價起哄

本書看到這裡，想必讀者對日本獨自的感性和價值觀也有所共鳴了。

不少在日本的傳統日本料理店對米其林評價的看法是：「日本料理已有千年歷史，而法國人吃正餐是幾年的歷史？是你內行還是我內行？」這話是很衝，但是平和的分析，確實，不要說只有一百多年歷史的法國菜，即使有幾千年歷史的中菜也不像日本料理有一個正規傳統的烹調標準。

一家拒絕米其林星級的鰻魚店老闆說：「鰻魚和一般的日本料理和壽司不同。一般的日本料理是以傳統為基礎但可以再加上師傅的天分盡情發揮創意，而鰻魚和天婦羅是只有傳統、一成不變的做法，沒有個人創意的空間。本店所追求的和米其林的評審標準不同。」

他們有一貫的標準綿延下來，今後也仍持續埋頭接地氣的照著這個標準作下去。至於什麼幾星級，你就自行去吧！

2. 真的懂「旨味」嗎？

近年科學發現在過去被定調為「美味」的四個基本味道，酸、甜、苦、鹹之外還有第五個味道，就是日本料理的基石——旨味 umami，意「鮮味」。旨味至今未被「發現」是因為它就是胺基酸的成分，存在於全部食物裡，多寡不同而已。因為很單純所以容易被其他味道蓋過。

日本料理現在風靡全世界所以旨味才受到矚目，終於躍升成主角獨當一面了。

其實早在一九〇八年，東京大學教授池田菊苗就發現昆布的旨味成分是谷氨酸（胺基酸的一種）。昆布和柴魚乾有極豐富的胺基酸即旨味，用於提煉高湯為日本料理一切的基礎。（蘑菇乾也常用於提煉高湯，最近發現它的胺基酸是昆布的八倍居冠）。池田教授當時就將旨味理論化，只不過當時日本是「小日本」，所以沒受到重視。

然而對「旨味」並不是人人吃了都會覺得「讚」。原因是它的味道不像酸、甜、苦、鹹般的突出，如前述味蕾一旦受到刺激就會變鈍感，這也就是我們常說「口味會愈吃愈重」的緣故。如果從小就習慣吃日本菜清淡的旨味，這個味道會記在大腦，即使以後吃重口味，腦中仍存有這個data檔案可以叫喚出來。

不少中國人總覺得吃日本菜不夠味的原因就在此，從小味蕾只認識重味、油脂，就隱沒了對單純的旨味的敏感度（但仍可以靠後天的加強）。

這也是如前章所述日本人都愛蕎麥但是它並不普及世界的緣故。所以日本師傅說：「法國人哪懂『旨味』!?」不是民粹，是科學根據。

雖然米其林評審員也有日本人，但是即使是日本人，「纖細的旨味從小有吃嗎？」「會比我內行嗎？」這也是許多師傅不服的地方。

最後他們還會再加上一句：「沒人請你來，自己擅自跑來評分然後說恭喜，真是莫名其妙！」

3. 重感情、生根永續的企業理念重於「風頭」

日文「一見客」的意思是：沒有透過人介紹而來，或是只會來一次的過路客。

日本經常被認為「很排斥外國人」，這是誤解。舉一個例子，日本有不少名店、老店也不接「一見客」的日本人，這和外國人感到被「排斥」的原因是一樣的：日本人是感性纖細的民族，注重感覺感性，因此有許多規則是為維護「大家的舒適感」。日本處處有潛規則就是長年店家和客人之間心照不宣奠定下來的默契。

一個比方，前章提過不少壽司店結帳時沒有明細，而若是第一次來的客人沒有默契，理直氣壯地問每個壽司是多少錢，雖然是合理的權利，但是「不信任」就傷氣氛；或者是不懂禮儀的客人舉止髒、醜、吵、亂騷擾到旁人；雖然不知者無罪，但是不懂潛規矩、破壞固有的舒適氣氛就會被排斥。島國英國人也是有類似這種的「聚落民族性」。

一個舒適感是店家的財產也是老顧客會想去的原因。「閒雜人免進」因為那舒適感是靠有品懂「粋」的老顧客貢獻的。

即使獲得了星級也非完成了目的，要得以持續、永續才是真正的成功。

東京有幾家店包括我過去經常去的一家義大利餐廳，原本是在閒靜的住宅區，自從獲得星級後客人蜂湧而來。店家也自此提高價錢，菜色也從過去有多樣a la carte（自由單點）變成只有三種套餐的高姿態；又增設了許多桌位，這使桌間的距離狹窄如速食店；店裡又全是慕名而來，目的是自拍上傳ＩＧ，不在乎品味和氣氛的客人；工作人員也忙不過來而使服務品質降低；老顧客眼看著店家失去了理念的初衷，也不再去了。這家店之後星級也沒了。

也有另一種極端，日本稱「隱家」的密藏型餐廳。比方陳姐姐的朋友在乃木坂開的餐廳沒有招牌，外面的地上有一排蠟燭，只有知道的人才會沿著蠟燭走進入店裡。一見客都不收了哪兒會想登上米其林？

大概很多人會覺得可以使生意興隆的事為什麼不做呢？

日本的職人精神並不光是在製造業上，也在經營的理念上——他們認為「永續」也是一個成功的指標。在中國、台灣大都是今天有生意今天賺，生意一不好就收攤或是賣掉、轉行。日本企業的理念是堅持永續。生根才能永續，為了生根會寧可捨去會破壞固有氛圍一時的風頭。愛護珍惜老客才能生根、永續。

Chapter 6.

「器皿是料理的衣裳」，料理＋器皿才完成日本料理

料理與器皿的交集是目食的重點

特集

傳統的惰性 vs. 自然的法則

——換了酒杯，米酒是哪兒來的果香？

1.

料理＋器皿才完成日本料理

——「器皿是料理的衣裳」

明治時代的國寶陶瓷家也是料理人美食家魯山人的名言：「器皿是料理的衣裳。」人要衣裝，料理也要穿搭器皿才完成一道日本料理。

如果料理是女主角，器皿就是男主角，這是器皿在一席日本料理中的地位。器皿以及器皿和料理的交集是欣賞料理「目食」的重點。擁有愈多的知識愈能夠享受到這形而上之美以及內含的哲理。

在中國、台灣的一些餐廳為了提高身價而使用昂貴的食器，比方吃擔仔麵用銀筷子、熱炒生猛海鮮用Wedgewood的餐盤……。日本對器皿的價值觀不在於品牌和價格，重點在於用法得不得當，以及和料理交集的品味。

米其林三星料理人石川先生親自傳授幾點器皿選擇的品味、法則和禁忌：

日本國寶　魯山人　茶花缽

❶形狀：圓形的食物就配方形的器皿，講究直線和曲線的平衡（陰陽平衡在83頁專欄詳述）。

❷大小：中菜大多是食物盛得滿滿的一盤，日本菜是相反，食物量超過器皿餘白的五成就不「粹」。「餘白之美」是日本獨特的感性。留下餘白才能欣賞到器皿。

❸顏色：避免使用紫色、深藍的器皿，因為寒色會減退食慾。除非是資深的料理人想要增加生魚片的清涼感，不然這高難度的顏色一般人不太會用。

❹季節：日本料理是順著「旬」走，器皿也隨「旬」變換。器皿也是旬的代言人：

◎**材質**：冬天用厚重的陶器。夏天用玻璃器、薄瓷器。

◎**顏色**：冬天用暖色、夏天用寒色。寒色用於涼食、生魚片等，暖色用於暖食材。

◎**花樣**：器皿上的花樣必是季節當旬。

在日本，高品味的美食家是不會只說「好吃」，評語的重點會放在器皿和食物的交集上。

杢目銅　千貝　弘作

於里邊蟹繪平向
魯山人　作

雖然日本的陶、瓷器文化是從中國傳入，但是日本人對陶瓷的喜愛和講究以及滲入生活中是遠勝於中國。即使是一般人在家裡用的陶瓷餐具也講究。相對的，中國、台灣現在是媽媽、老婆不做飯，全民外食族，也只用拋棄式餐具。這從世界的角度來看絕對不是一個健康、安定的社會。家庭的餐桌不僅該是每個家庭最快樂溫暖的地方，也是一個文化。陳姐姐寫這一篇並不是為了讀者上日本料亭當名媛、紳士，而是希望能重新重視這個被忽略掉的生活文化。

一天至少一次，安定的坐在家裡的餐桌，用正規的餐具不用拋棄式餐具，吃在家裡做的飯，我們來看看這樣社會會有什麼轉變？

餐具不必昂貴，只要你在意餐桌上的藝術，自然也會開始留意自己的用餐舉止，這就是氣質的開始。氣質是從三餐培養出來的，**食器可以吃出氣質**。

雪竹四方平缽

2.

器皿不只是「衣裳」，也是「制服」

——日本食器的分類和各正確用法

日本的餐具種類是世界最多的，一席套餐一眼望去有高、低、深、扁、大鉢小鉢、有蓋無蓋、有腳無腳；材質有，陶、瓷、木、竹、木漆、玻璃，這又是一個風靡觀光客的文化。但是買一堆日本餐具回國卻不知用途而亂用，比方用木質的湯椀盛飯，或用丼碗盛湯，用玻璃鉢盛炒飯……實在是失去了各餐具原本的功能性。

日本的餐具種類多，但並不是花俏的噱頭。每種餐具各有功能性，符合各種性質的食物。

日本的器皿不但是「衣裳」，也是「制服」：

◎飯碗：一般家庭是用瓷器，講究的人用陶器，有保溫效果。

◎湯椀：湯椀是木器，所以用「椀」字。因為木器不傳熱度，熱湯可捧著用。高級的是木漆器，更高級的是貼有金箔繪的「金蒔繪」。

◎筷子：中國、台灣、韓國用各種材質——塑膠筷、木筷、銀筷、不鏽鋼筷，日本則只用木筷。不覺得木質的溫暖握起來最舒服嗎？

並且講究筷子的人對筷身的方、圓度，筷尖的尖度等都非常計較，這也是只有天然木頭才能夠削出來的細膩度。

上泉秀人 作

◎平皿（hilazala）：收集日本器皿的初級者可以從這個平皿開始。它的用途廣，中菜、義大利麵什麼都適用。

◎丼（donbuli）：鰻丼、天丼、牛丼等蓋飯類用這個器皿。

◎小缽（Kobachi）：用來裝開胃菜或醋味小菜，有陶、瓷、玻璃等材質。深一點的是用來裝有汁的食物，淺缽是裝醬菜類，玻璃製用於涼性的菜。

◎角皿（kakuzala）：一般用來盛魚、肉。

◎豆皿（mamezala）：裝醬油或是蔥、薑末的小碟子。

◎筷箸架（hashioki）：日本規矩是不將筷子擱在碗盤上，一定放在筷架上。筷架也是餐桌上的裝飾品、小玩具，什麼材質都有，甚至從海邊、深山撿來的小石頭、小木頭，都可以當做筷箸架來點綴餐桌。

柴山勝　作

3.

日本五大陶、瓷產地及特色

日本是個陶瓷大國，全國各地都產不同的陶、瓷土。從北到南有無數的產地，赴日觀光不要錯過這個文化。

陶、瓷器的知識在日本是有文化的人必備的教養。在正統的日本料理店或是受邀到朋友私宅端上了「好像很棒」的陶、瓷器，但因為不太懂而完全一語不發的話會被認為「沒文化」，這時怎麼辦呢？很簡單，只要問它的產地是哪裡，話匣子就打開了。

日本陶瓷器常用「燒」，是窯的意思。在此舉幾個最常見、日本最有名的五大產地。有基礎知識就知道鑑賞的重點。

有田燒（Alidayaki）

是日本瓷器的發祥地，在九州的佐賀縣。十七世紀朝鮮人在此發現白瓷礦，燒出日本第一個瓷器。接下來受中國彩繪藝術

古九谷風草花紋小酒杯

的影響加入了染繪成為著名的「伊萬里燒」，再加上金彩就是豪華的「古伊萬里」，也深受歐洲貴族喜愛。

九谷燒（KItaniyaki）

在石川縣，特徵是鮮麗的顏色：紅、綠、藍、黃的「五彩手」，藍、綠、黃的「青九谷」，以及金、銀彩的「金襴手」為主流，是日本彩繪瓷器的源頭。

備前燒（Bizenyaki）

備前櫛目花

日本六大古窯之一，始於平安時代，位於岡山縣。它的特色是極富「土」的樸素感，不用釉藥，不用彩繪。最有趣的是，它無法預測會燒出來什麼樣子。因為在窯內燒製過程中會有柴削粉飛飄附著在坯體上，再加上火焰引發的化學變化，會自然「繪」上火紋等的自然變化。這是關東、關西和全世界都廣受喜愛的陶器。

美濃燒（Minoyaki）

始於安土桃山時代，是隨著茶道文化興起的日本器皿的黃金期。位於岐阜縣多治見市（日本近年夏天溫度創記錄四十一度C的地方）。它分成四種：

信樂蹲花

❶著名的織部燒（Olibeyaki）是美濃燒的一種。

❷千利休的弟子古田織部始創用綠色釉藥的技術，綠色的「青織部」是最常見的。

❸志野燒是用鐵釉燒成的漆黑茶碗，稱「瀨戶黑」。

❹黃色的稱「黃瀨戶」。

都是桃山武將們喜歡的豪氣感。

雲錦缽

唐津燒（Kalatsuyaki）

十六世紀豐臣秀吉出征朝鮮帶回來的陶土所做的陶器。之後因土質、釉藥和紋圖而異，有朝鮮唐津、繪唐津、班唐津、三島唐津等種類，共通點是都有朝鮮風味，和不拘泥於傳統的灑脫造型，所以新潮創意的料理人特別愛用唐津燒搭配料理。

還有許多其他著名的陶瓷不拘於產地的土，比方京都的「京燒」是用全國各地的土、各地的特徵燒出自己的風格。

益子燒（Mashikoyaki）、笠閒燒（Kazamayaki）以及關東的窯——和荻（Hagi）都是料理、茶具常用的。

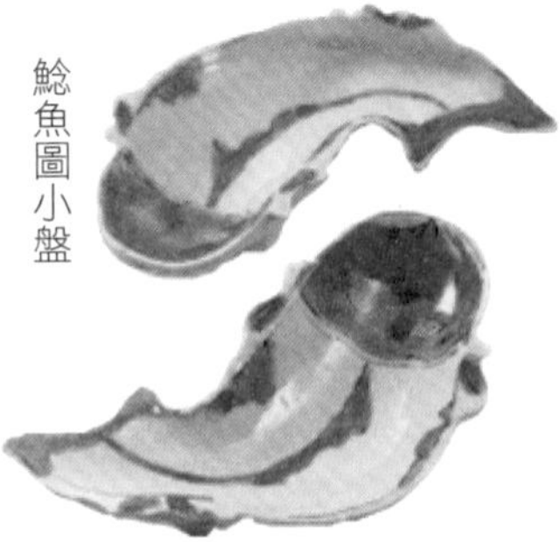

鯰魚圖小盤

國寶　魯山人
於里邊蟲和草四方平缽

特集

傳統的惰性 vs. 自然的法則

——換了酒杯，米酒是哪兒來的果香？

「為什麼喝日本酒要用這種洋玩意！他們是懂不懂日本文化啊？」幾位白髮斑斑的日本造酒家氣憤的離開試酒會場。奧地利酒杯Riedel公司的日本社長Wolfgang Angyal回想起他們第一次發表用西式酒杯喝日本酒的時候現場的反應。

最後留在現場的人只是因為不好意思馬上離開。剩下二十多位造酒家接下來做了實飲的盲測（blind taste），他們不得不承認這個事實：同樣一種日本酒，用日式傳統小酒杯（日文「豬口」）和新開發的西式寬口、圓腹的酒杯喝，味道和氣味竟然相差這麼多。之後，積極開發這個西式日本酒杯的反而是這些日本造酒家們。

鏡山
純米大吟醸
純米酒
高麗王
越生梅林
武蔵野
MUSASHINO
生酛
純米
吟醸50
金紋
世界鷹
本醸造
九重桜
旭正宗
秩父小次郎
本醸造
武甲正宗
秩父錦
社長の酒
晴雲
天覧山
日本橋
天仁
純米酒
武甲
大桝
世界鷹
金婚

雖然現在日本酒風靡世界，但是二、三十年前的日本酒即使在日本國內的銷量也面臨苦境，遠遠不及葡萄酒。

因為葡萄酒已深入日本人的生活，即使一般主婦上超市也會順手買瓶葡萄酒在家和老公享用。主要原因是，究竟葡萄酒的果香馥郁，果味深邃複雜，可搭配食物的範圍很廣，較受女性消費者喜歡。而日本酒的原料就是米，有「大叔的飲料」的形象。除此，以我自己為例，我不喜歡日本酒原因是酒精味太強。再怎麼理論上說日本酒適合搭日本菜，我都覺得啤酒就可以了，不必勉強非喝日本酒不可。這大概也是個普遍的感覺。雖然日本酒也是有不少粉絲，但是抓不住女人心的話，市場就減半。因此，日本酒造商和Riedel酒杯公司研究，就回歸自然，以自然科學的法則突顯出日本酒的優點。

我去採訪Angyal之前先打電話問他有沒有關於酒杯的新知識讓我寫在《西餐餐桌禮儀．究極品味的科學》新書內？他馬上說：「有！」說實在，如果他事先告訴我是要談日本酒的話，我不會去的，因為我實在對日本酒沒興趣。但是待我取材完畢後我深深覺得，人往往因為偏見而使見識變得狹窄。

在我面前，他放了三種酒杯：傳統日式小酒杯、他們開發的西式大吟釀酒杯和西式純米酒杯。（大吟釀和純米之別在後面說明）。他先將大吟釀酒倒入日式小酒杯請我聞……，是的，就是那個我討厭的酒精味。接下來他將同一種酒倒入西式日本酒杯，它的體積比豬口大四倍。他轉了幾下加速氧化後放在我面前再請我聞……，要不是他就在我眼前倒入同樣的酒，很難相信這是同一個酒：因為米酒竟然發出果香，甚至是微微的柑橘香？這是從哪兒來的？

Angyal解謎：日本酒確實是一〇〇%米的原料，但是在研磨的過程中會產生出多種胺基酸。

柑橘香是一種嗅覺的錯覺，但是也顯示出，一個體積大的酒杯可以將日本酒充分氧化，帶出原料中各種分子非常細微的味道，也就是之前被酒精味所埋沒的。

左邊是西式大吟釀用酒杯
右邊是純米用酒杯

日式傳統小酒杯

另外，透明寬闊的酒杯可以看到傳統豬口看不到的晶瑩剔透的酒色，這又刺激了口慾。

最重要的是，確實變得更順口好喝了。

寫到這裡陳姐姐突然想到，真應該向Riedel索取廣告費☺，因為根本像是在替他們宣傳？不，是這個小科學讓我腦神經元興奮，品味實在是基於科學。

另一個小科學是，在筆者著《西餐餐桌禮儀．究極品味的科學》的葡萄酒篇內有說明舌頭的前、後、兩邊、中央的部位分別對甜、酸、苦、淡的敏感度不同。並且舌頭兩側邊和舌下是唾液腺密布的部位，唾液是對酒精反應敏感。所以日本的豬口小酒杯的構造是使酒流往舌的兩邊再流到舌下，也就是使酒精味感到加倍強烈的原因（陳姐姐的感覺沒有錯哦！）。

這西式酒杯的杯口構造是讓酒先流向舌的前端中央，這裡是對「旨味」最有感的。日本菜的特色「天然原味」就是以天然的旨味為主體。

筆者的《西餐餐桌禮儀．究極品味的科學》中的〈起司和葡萄酒是絕配〉內有說這兩者同是發酵過的食品，所以「有血緣的親戚很搭」。同樣的日本酒的原料的米成分就是旨味，所以和日本菜的旨味很搭。

如此，這西式酒杯從科學的角度將日本酒的香味、旨味的優點發揮到最高點。他表示八年前酒杯上市後，日本酒造商都目睹實際銷量的成長，而且是來自女性顧客。酒杯開發是揉合奧地利人和日本酒造商家的智慧，在過程中他們舉行多次試飲會，列出一系列新開發的酒杯，大家實飲盲測同一種酒用哪種杯子喝最能發揮優點，之後以投票選出。

另一個西式日本酒杯是喝「純米」用的。

日本酒分為二大系列：大吟釀：是將原料米研磨到五〇%以下的精純。比方現在受中國人、台灣人喜歡的「獺祭」就是低到二三%（磨除七七%）。「純米」：原料米保留五〇%以上，當然，氣味、味道更濃。

「純米」是什麼味道呢？我聞了一下日式豬口酒杯，就是那個令人不舒服的味道。我的嗅覺敏感，甚至聞到它有令人不快的阿摩尼亞味（也是一種嗅覺的錯覺）。

Angyal將酒從小杯豬口倒入西式純米用的酒杯，它比大吟釀酒杯更寬口、寬腹，之後轉幾次，比剛才的大吟釀轉更多次，讓我再聞……，竟然那「臭味」消失了，並隱約發出香味。

Angyal表示「純米」是更能襯托出日本料理的旨味，因為它本身就是豐富胺基酸的「旨」發酵的，比大吟釀發出更多更複雜的香味和味道。

純米的酒杯構造和個性強的勃根地酒杯相似，也意寓這科學原因是一致的。

Angyal社長長年住在日本，太太是澳洲人在日本擔任日本國際小姐選美會的營養體質顧問。我認識他有近三十年了，是Riedel公司剛在東京創設的時候，現在在中國、台灣、亞洲各地都占最大的市場。能夠成功的原因我從他對亞洲文化深入的敬業精神可以看出。今天

我們不約而同地講出一個感想，這也是我在本書的舊版有提過：我不了解為什麼對喝酒的行為，在中國、台灣、日本、韓國東亞國家和西方差異很大。在西方，酒只是一種飲料，目的只是為了搭配食物有相輔相成的效果，純粹是為了好吃、好喝的享受。而在我們東亞，對「酒」不知為何就是不以平常心看待，它超越「只是個飲料」，近乎被當成「工具」→借以敬酒表達友好；借以罰酒戕害身體以示懲罰；借以拚酒誇示guts；或只是個為醉的工具。

把酒當「工具」也就是完全不在乎酒的味道或和菜搭不搭，只要含酒精，可以醉，就咕嚕灌下。這些都是造成「酒」在亞洲社會成為「壞東西」、負面印象的理由。

多少人喝酒是因為「中菜的口味重又油膩所以有酒爽口會更好吃」以品味享受為出發點？

為什麼東亞人對酒不能平常心以待？我常年來一直無法了解，而竟然今天Angyal替我解了謎。

他說，在亞洲酒的文化始於中國。在中國歷史上酒始於祭神儀式，因此酒的地位代表一種權威，作為賞、罰的象徵。這是酒具特殊意義的觀念的根源。並且酒是在豐衣足食後的一種奢侈品，所以只單純為好吃、好喝享受的觀念尚未普遍。

他發現這個觀念也是為什麼日本向來以科技研發、革新領先世界而對日本酒怎麼喝會更好喝卻滯留在傳統上，不做享受上的 innovation 革新的緣故。

這一番話讓我感到文明進化時總是會有「傳統的惰性 vs. 自然的法則」兩者較量的矛盾。另一個有趣的例子：

我的思緒停不下來繼續問他：現在日本人都知道喝陳年葡萄酒需要醒酒（decantage，將酒移倒在醒酒瓶，酒會大量接觸到空氣因而加速氧化），並且這西式酒杯也實際證明了結果，那為什麼他們不開發日本酒專用的醒酒器？相信連那女士難以接受的「純米酒」都可以改頭換面，變得更容易普及，不是嗎？

他說，豬口小酒杯始於江戶時代，用了三百多年。其實在那個時代就發現：在關西釀的酒經過海運送到關東後，味道竟然變得更香、更柔和、更好喝。當時大家不了解原因，現在這個西式酒杯說明了理由：在海運中的搖晃促進分子氧化的醒酒作用。

但是他露出無奈的表情說，他有開發過日本酒醒酒瓶（如圖），而他碰到的瓶頸就是在酒瓶的瓶頸上：

日本酒小酒瓶稱「德利」發音是tokkuli，名稱是來自那細頸長腹的形狀倒酒時會發出「toku toku」的聲音。而那個細頸就是使酒遲遲不氧化，酒精味濃的原因。但是細頸發出的那個聲音也就是日本人喜歡的，也成為喝日本酒的一個愉悅，這是讓他難以突破的心理上的傳統。但他說仍不放棄普及這「會更好喝」的科學。

不過「堅持傳統」有時只是尚未理解新知識而已，人終究是會朝向「不好喝，但是守住傳統」？還是「雖然非傳統，但是順從自然本能」？這可以成為研究人類行為科學的數據。

日本料理餐桌禮儀．究極品味的科學

國家圖書館出版品預行編目（CIP）資料

日本料理餐桌禮儀．究極品味的科學／陳弘美著．-- 初版．-- 臺北市：健行文化出版事業有限公司出版：九歌出版社有限公司發行，2024.06

272 面；14.8×21 公分．--（愛生活；78）

ISBN 978-626-7207-69-7（平裝）

1. CST：餐飲禮儀　2. CST：社交禮儀

532.82　　　　113005899

作　　者——陳弘美
攝　　影——子宇影像有限公司
發 行 人——蔡澤蘋
出　　版——健行文化出版事業有限公司
台北市 105 八德路 3 段 12 巷 57 弄 40 號
電話／02-25776564・傳真／02-25789205
郵政劃撥／0112263-4

九歌文學網　www.chiuko.com.tw

排　　版——綠貝殼資訊有限公司
印　　刷——晨捷印製有限公司
法律顧問——龍躍天律師 ・ 蕭雄淋律師 ・ 董安丹律師
發　　行——九歌出版社有限公司
台北市 105 八德路 3 段 12 巷 57 弄 40 號
電話／02-25776564・傳真／02-25789205
初　　版——2024 年 6 月
定　　價——450 元
書　　號——0207078
I S B N——978-626-7207-69-7
9786267207680 (PDF)
9786267207703 (EPUB)

致謝

場地協力
台中林酒店

照片提供
京懷石　美濃吉東京新宿住友店
京都竹茂樓
渋谷　黒田陶苑
Riedel Japan 東京
攝影　高本裕久
橫浜　此のみち